ウイグルを支配する

新《しん》疆《きょう》生産建設兵団

東トルキスタン秘史

ムカイダイス著
Muqeddes

ハート出版

ウイグルを支配する新疆生産建設兵団

はじめに

前著への反響

二〇二一年三月に上梓した拙著『在日ウイグル人が明かすウイグル・ジェノサイド─東トルキスタンの真実』（ハート出版）を読んでくださった方々から、数多くの葉書や手紙を頂きました。それだけでなく、SNSなどを通じて連絡をとってくださった方々もいらっしゃいました。在日のモンゴル人、中国人、台湾や香港の方々からもたくさんのメッセージを頂きました。真心を込めて書かれた一つ一つのお便りから、大きな力を受け取り、多くの学びがありました。この場をお借りして感謝申し上げます。

質問も大変多かったです。はっとさせられる新しい気づきを与えてくれる質問もありました。そこで、読者からの主な質問を箇条書きにしてご紹介します。

「なぜ中国共産党はウイグル人にこのようなことをするのか？」

「ウイグル人と兄弟のテュルク系の国々はなぜあなたたちを助けてくれないの？」

「ウイグルジェノサイド（集団虐殺）を中国はどのように実行しているの？」

「なぜウイグル人は抵抗しないの？」

「ウイグル関係の論文を読んだら、ウイグルという民族名が一九三〇年代に与えられたそうです。その辺りをもっと知りたかったです」

「ウイグル人を何人か知っています。素朴で優しい、裏表のない人々（ウイグル人に家を貸したらきれいに使ってくれた。日本人と同じように家を大事にする人々だった）。そのような人々がテロに走るとは思えない。日本のマスコミが報道した、天安門広場に車で突っ込んだなどのニュースについて教えてください」

「日本では、地元のあるいは産地の物を買うことによって産地を応援する形になります。なぜ新疆の綿を買うとウイグルの人々を助けたことにならずに、ウイグル強制労働に関わる形になるのだろうか？」

「新疆ウイグル〝自治区〟なので、自治権があるはず。自治権をある程度使って自分の身を守ってみてはいかがでしょうか。」

これらの質問に対する回答は、私たちウイグル人が自ら、正確に、そして誠実に日本社会と日本国民に伝えなければなりません。それとともに、皆様にウイグルについて基本からもっと知っていただきたいと思うようになりました。

ウイグルジェノサイドと国際社会

まず、私たちウイグル人及びその故郷の概要を簡単にご説明しましょう。

ウイグル人をはじめテュルク（アルタイ語）系民族にとって母なる大地を意味する「トルキスタン」。十八世紀のこと、その東部にあたる「東トルキスタン」が戦いに敗れ、清朝の版図に入りました。それ以降、東トルキスタンの民は、独立と主権を取り戻すことを目指し戦いを続けてきましたが、念願叶わず一九四九年に中華人民共和国の支配下に置かれ、一九五五年に「新疆ウイグル自治区」（以下ウイグル）が設置されました。新疆は中国側の呼称であり、「新たに支配された土地」との意味です。

ウイグルは、中国最大の耕地面積を有し、中国本土の食糧需要を支えており、また地下資源が豊富で、エネルギー、鉱物資源の供給地になっています。また、四十七回に及ぶ核実験がロプノールで実行されるなど、核基地としての側面もあり、中央アジアのまさに中央に位置することから、「一帯一路」の出入り口として重要な役割を持つため、軍事基地が置かれています。ウイグルは、正に中国経済と国防の生命線と言えるでしょう。

またウイグルでは漢族の入植が着々と進められ、一九五〇年にはウイグルの人口の五・六パーセントだった漢族の割合が、現在は生産建設兵団を含めて六十パーセント近くに達しています。

その一方でウイグル人は、この自らの大地で漢族との経済格差を広げられた上に、「強制収容所」でウイグル人としてのアイデンティティーを「中華民族に改造」されてきました。それどころか、ウイグルにウイグル人が多いということが問題視され、漢族の人口を上回らせるために「強制不妊」によってウイグル人の人口を減らされてきたのです。

この事実は、在米ドイツ人学者のエイドリアン・ゼンツ博士が中国の公式文書を引用した報告に依拠し、国連にも提出されています。同報告では、新疆での不妊手術の実施数は二〇一六年の十万人当たり五十人未満から、二〇一八年の十万人当たり約二百五十人に急増したと指摘しています。ゼンツは、「こうした行為はある集団での出生を妨げる目的で措置を課している点で、国連のジェノサイドの定義にあてはまる」と主張しています。

また、日本に留学し東京大学大学院で修士号を取ったミヒライ・エルキンが、二〇二〇年に帰国中カシュガルの強制収容所で亡くなるなど、日本とウイグルの架け橋になる人々も強制収容所の中で消えてしまっています。

これを受けて、欧米諸国では中国に対する非難決議やジェノサイド認定に止まらず、経済制裁などの法案も採択されています。国際人権団体アムネスティ・インターナショナルは、二〇二一年六月十日「ウイグル族やカザフ族などイスラム教徒の少数民族が多く暮らす新疆地区で、中国政府が人道に対する罪を犯している」とする報告書を公表、中国当局が少数民族に対して集団拘束や監視、拷問をしていたと主張し、国連に調査を要求しました。アムネスティ・インターナショナルのアニエス・カラマール事務局長は、中国当局が

「地獄のような恐ろしい光景を圧倒的な規模で」作り出していると非難しました。

二〇二一年十二月九日、イギリスの独立民衆法廷「ウイグル法廷」は、同年六月と九月の二回に渡って行われた七十人以上の証言および専門家による証言と膨大な証拠資料を元に、「中国が新疆ウイグル自治区のイスラム系少数民族ウイグル族にジェノサイドを行っていた」と認定したことを発表しました。中国政府がウイグル族に避妊や不妊手術を強制していたとされることが、この結論に達した大きな理由だと述べています。ウイグル法廷を主導したサー・ジョフリー・ナイス弁護士と法律家や学者で構成された専門家チームは、中国が「計画的、組織的、統一的な政策」として「長期的にウイグル族などの少数民族の人口削減」を行っていたとの見解に至った、と発表しました。

国連においては、二〇二二年八月十七日「ウイグル強制労働は存在する・人類に対する犯罪である」と明記した報告書が発表されました。八月三十一日には「重大な人権侵害・性的暴行・ウイグルの文化施設のマザールやモスクの破壊が行われている」と人権報告書に明記されました。

「ウイグルジェノサイド」の詳細については、東京大学の平野聡教授が「二〇一七年から二〇一九年にかけ、ウイグルで百六十四万五千四百人も減少し、マイナス九・九パーセントを記録した」(「これぞ動かぬ証拠〝新疆ジェノサイド〟示した中国統計年鑑」ウェッジオンライン)と明かしています。

こうした人権侵害行為に対して、米国は二〇一九年七月、新疆生産建設兵団(準軍事政府機関)とその最高幹部の二人に対して制裁を発動し、兵団傘下のすべての企業の製品の米国への輸入を禁止しました。

また、二〇二一年六月二十四日、アメリカ商務省は太陽光パネルの原材料であるポリシリコンなどを製造する中国メーカー五社(兵団含む)を、アメリカ企業と事実上取引できなくなるエンティティリストに追加したと発表しました。エンティティリストとは、商務省が輸出管理法に基づいて、国家安全保障や外交政策上の懸念があるとした企業リストです。制裁を受けたホシャイン・シリコン・インダストリー(合盛硅業)、新疆ダコ・ニューエナジーなどは、全て兵団の供給網と密接に結びついています。

二〇二二年、世界の民主主義国の超党派の有志議員で組織する「中国に関する列国議会同盟(IPAC)」の共同議長二十人が、「兵団が過半数の株式を保有する中国内外の

議会でウイグルジェノサイド或いは
人類に対する犯罪・人権侵害などと認定した国々一覧

2021	1/19	アメリカ政府	「ジェノサイド」及び「人道に対する罪」に認定
	2/22	カナダ議会	ウイグルジェノサイドと認定
	2/26	オランダ議会	ウイグルジェノサイドと認定
	3/22	アメリカ、カナダ イギリス、EU	ウイグル問題で一斉に制裁を発表
	4/22	イギリス議会	ジェノサイド認定
	5/5	ニュージーランド 議会	深刻な人権侵害認定
	5/20	リトアニア議会	ウイグルジェノサイド認定
	5/26	イタリア議会	深刻な人権侵害認定
	6/10	チェコ議会	ジェノサイド及び人道に対する罪認定
	6/15	ドイツ議会 人権委委員会	人道に対する罪認定
	7/8	ベルギー議会 外交委員会	ジェノサイド及び人道に対する罪　決議
	7/12	アメリカ国務省	大量虐殺防止に関する議会報告書で ジェノサイド及び人道に対する罪との非難決議
2022	1/21	フランス議会	ジェノサイド認定
	2/1	日本衆議院	対中非難決議
	8/17	国連報告書	ウイグル強制労働は存在する 人道に対する犯罪
	8/31	国連報告書	重大な人権侵害・性的暴行・ウイグルの文化 施設のマザールやモスクが破壊されている
2023	3/3	日本政府	「(企業が)人権尊重に取り組むよう努める」 と明記

二千八百七十三社に対する輸出管理」を含む強固な規制措置、兵団および新疆ウイグル自治区における強制労働に責任のある他の組織によって製造された商品の輸入を禁止するための〝現代奴隷制法〟の改定を提案しています。

また世界銀行は、中国問題に関する米連邦議会・行政府委員会（ＣＥＣＣ）のジェームズ・マクガバン下院議員とマルコ・ルビオ上院議員がマルパス世銀総裁に宛てた書簡を受け、調査を実施しました。世銀は同自治区の公立職業訓練学校を支援するため、二〇一五年に五千万ドル（現行レートで約五十四億六千万円）の融資を承認していましたが、ウイグル人弾圧に世銀の資金が使われている可能性が指摘されたのです。調査の結果、中国・新疆ウイグル自治区で進めているプロジェクトの規模を縮小し、監視を強化する方針に切り替えられました。

北京冬季五輪を前にした二〇二二年二月二十二日に欧州連合（ＥＵ）は、新疆ウイグル自治区の深刻な人権侵害に関与したとして同自治区の公安トップ、陳全国ら四人と新疆生産建設兵団公安局に対して、ＥＵへの渡航禁止と資産凍結の制裁を発動しました。中国への制裁は一九八九年の天安門事件に対する武器輸出禁止以来、初めてのことです。

二〇二三年三月三日には、ついに日本政府が企業とそのサプライチェーン供給網における人権問題対応に関する関係政府省庁会議で、サプライチェーン上で人権侵害に加担しないことを求める方針を決め、契約書等に「人権尊重に取り組むよう努める」と明記することになりました。

ウイグルを支配する新疆生産建設兵団

新疆生産建設兵団（Xinjiang Production and Construction Corps＝XPCC）は一九五四年に設立された「軍」「政」「党」「企業」一体の特殊な組織です。設立当時は「中国人民解放軍新疆軍区生産建設兵団」と呼ばれていましたが、一九八一年に鄧小平による「兵団は解放軍の名称を表に出さない方が良い」との指示で「新疆生産建設兵団」に変わりました。

兵団は軍と同じ構造であり、現在十四の師団と百八十五の団を所有します。所属する人員は三百四十八万五千百人に及んでいます。ウイグルの各地に配置され、師が市を、団が町や農場を併せ持つ「師市合一・団鎮合一」制度を用いています。新疆石河子市、新疆アラル市などの多くの市は兵団所属です。ウイグル自治区の管轄を受けない治外法権であり、「国の中の国」と呼ばれています。設立当初からウイグルへ入植させる大量の漢族の受け皿として、また中国共産党中央軍事委員会と並ぶウイグル経済支配の両輪の一つとしての役割を果たしてきました。かつてのイギリス東インド会社やオランダ西インド会社にも例えられます。

現在の兵団は四千五百以上の会社を所有し、世界七十カ国の八十六万二千社以上と貿易を行い、ウクライナやケイマン諸島などで土地を、アメリカ、日本などで資産を持つ巨大軍産複合組織です。二〇二一年のＧＤＰが日本円でおよそ七兆円（三千三百九十五・六一億元）です。同時に兵団は「中華民族共同体」のために、テュルク系であるウイグル人を強制収容所に入れて「中華民族」に改造する、ウイグルジェノサイドの政策実行役も担ってきました。このような「業績」が評価され、兵団武警の総隊参謀長が共産党香港駐留部隊のトップに起用されたことから、専門家は中国当局は香港民主派への弾圧を強化する狙いがあると懸念しています。

この「新疆生産建設兵団」こそ、ウイグルを取り巻く諸問題を理解する大きなキーワードの一つです。新疆生産建設兵団の設立時期と役割、そして新疆ウイグル自治区との関係を明らかにすることは、今のウイグルで起きていること、その歴史的背景、そして私たちの、世界の今後に密接に関わると私は考えてきました。

そのため、「新疆生産建設兵団」を本書のメインテーマとさせていただきました。読者の皆様には、どうかしばらくお付き合いのほどよろしくお願い申し上げます。

令和五年　十月

著者

目次

はじめに

第一章　新疆生産建設兵団とは何か

第二章　新疆生産建設兵団の設立

第八章　習近平とウイグルジェノサイド

おわりに

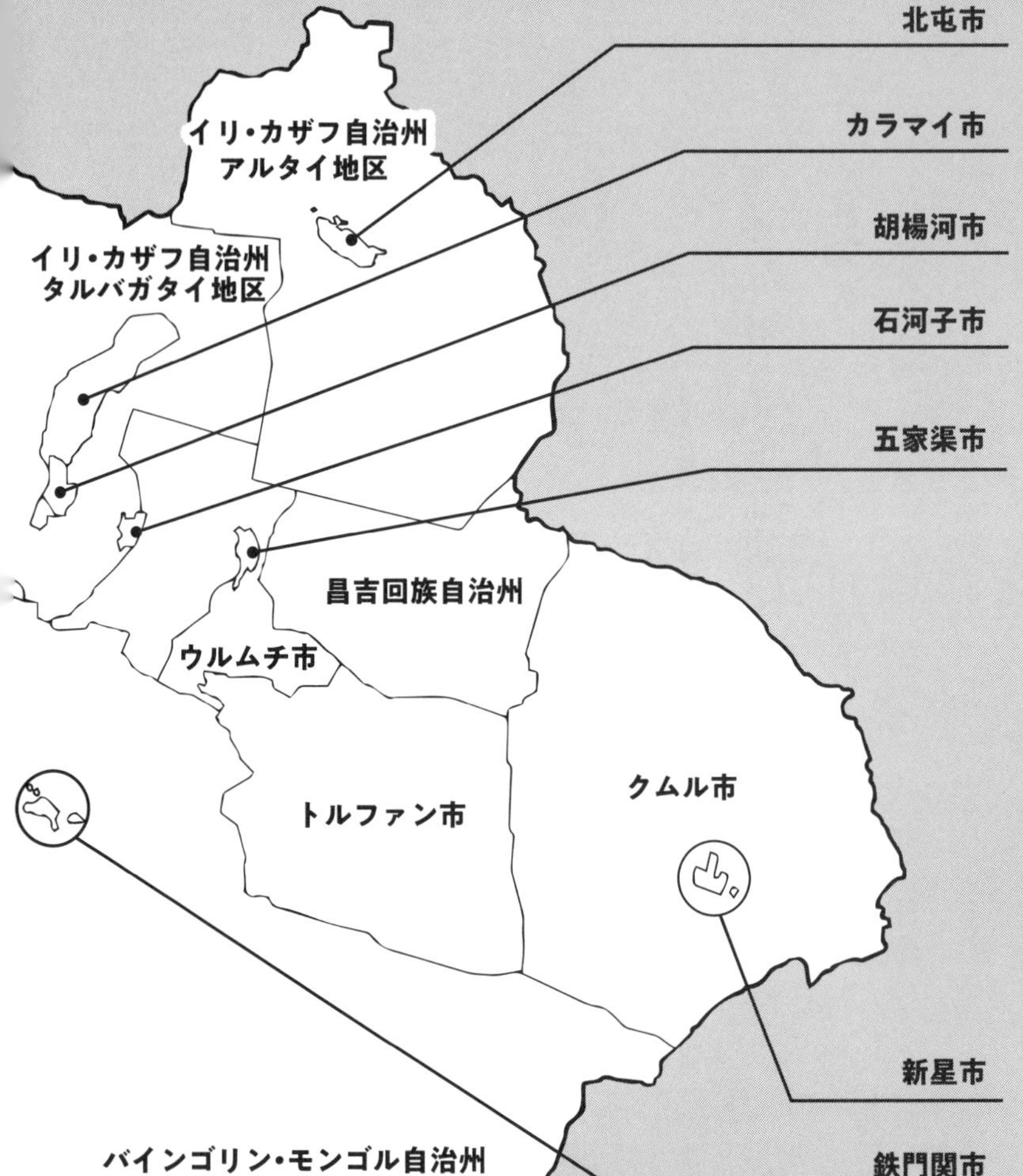

北屯市
カラマイ市
胡楊河市
石河子市
五家渠市
イリ・カザフ自治州
アルタイ地区
イリ・カザフ自治州
タルバガタイ地区
昌吉回族自治州
ウルムチ市
トルファン市
クムル市
新星市
鉄門関市
バインゴリン・モンゴル自治州
400km

《新疆ウイグル自治区の主な行政区分》

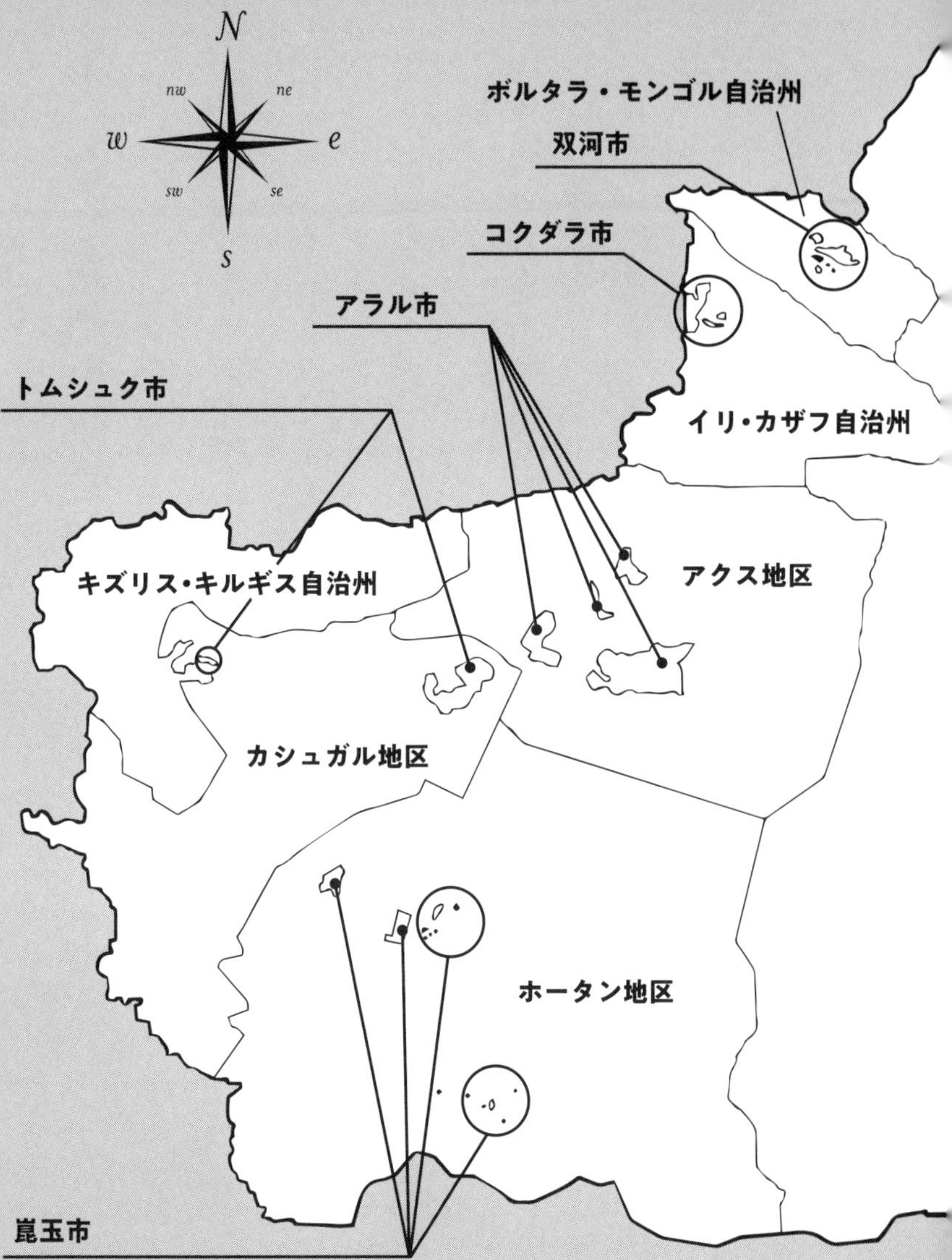

第一章　新疆生産建設兵団とは何か

新疆生産建設兵団とウイグルの資源

なぜ中国共産党がウイグルに固執するかと言えば、その大きな理由の一つが「豊富な自然資源」です。今まで、ウイグルで発見された鉱物資源は百三十八種類あり、その内六種類は中国において埋蔵量全国首位、その他九十六種類の鉱物資源が地下で発掘されるのを待っている状態です。アルタイ山の金鉱、ホータンの上質な玉も有名です。

土地資源は耕地面積が全国で首位、綿、穀物、肉、果物が豊富、特色農業資源としては甘草、薫衣草《くぬえそう》（ラベンダー）の産量が中国首位です。それ以外に、光、熱、風などの自然エネルギー資源も豊富です。ウイグルは水が少ないと言われていますが、事実は異なります。地下水源、雪解け水が豊富です。

「白金」と呼ばれる新疆綿、「紅金」と呼ばれるトマト、「黒金」と呼ばれる石油や石炭をはじめとする豊富な鉱物は、中国経済を長期に亘って支えるものです。

このウイグルの耕地、水源、草原、鉄道などの交通網を押さえ、支配しているのが、新疆生産建設兵団です。

兵団の概要

一九四九年十月、王震率いる中国共産党解放軍第一野戦軍はソ連の力を借りることに成功し、新疆進軍を果たしました。解放軍はウイグルの要所要所に駐屯しました。

一九五二年十月、解放軍は国防部隊と生産部隊に分けられました。この生産部隊が新疆生産建設兵団のルーツです。ウイグルの各地に駐屯していた解放軍の生産部隊は、十の農業建設師に分けられました。師団とは軍の部隊の単位で、だいたい一〜二万人の規模を指します。

一九五四年十月、中国国家軍事委員会はこれらの農業建設師を「新疆軍区生産建設兵団」の指揮下に置きました。兵団とは師団よりも大きい部隊の単位です。その時点で新疆軍区生産建設兵団の管轄下に十の農業建設師、一つの建築工程師、一つの建築工程処、一つの運輸処と若干の直属企業がありました。最初の段階で生産部隊に編入された軍人だけで十五万人にも及びました。そして、生産部隊を管理するために新疆軍区に生産管理部が設置されました。最初の頃、兵団は正規の国営農場として実績をあげました。一九五八年から一九六六年まで、生産兵団の大発展時期とも言われていました。一九六六年五月から一九七五年まで、兵団の運営は「文化大革命」の影響を受け挫折し、利益を出せなくなったために「兵団」は解消され、「国営農場」として国家農墾部の直轄に置かれました。

一九八一年、中央政府と軍事委員会によって、「兵団」の解消は間違った政策であったと認められ、新疆生産建設兵団を再建する決定が下されました。再建の時点で兵団には十個の農業建設師と三つの農場管理局、一個の建築工程師及びいくつかの事業単位がありました。現在の兵団には、十四の師と百八十五の団が存在します。

兵団が所有する土地の面積は七万六百平方キロで、新疆ウイグル自治区の面積の四・二四パーセントを占めています。また中国における最大の農墾区とも言われています。

二〇二一年の人口は三百四十八万五千百人で、その主体は入植した漢民族です。十四の師の内十二の師が市を作り、軍事組織自体が行政区画そのものとなりました。これを「師市合一」といいます。同じように、百八十五の団の内五十四の団が鎮を作りました。「師市合一」の小規模なものを「団鎮合一」といいます。

兵団は設立当時から軍の兵、師、団、営、連、排、班という軍事序列を維持・継続し、人民解放軍の完成された政治機構と制度を保持していました。兵団は新疆で「平時は生産に従事し有事には戦う」軍墾部隊であることで知られていました。

兵団の企業の半分以上が国営農場で、農場は農業に従事する所である点は一般的な農村と変わりませんが、兵団の農場と団場にいる人々の身分は農民ではありません。兵団は体制上全民所有制であるために農場の人々は農業工人（労働者）であり、戸籍上一般の農村の農民と異なります。彼らはまた予備役軍人でもあるので、毎年二カ月間軍事訓練を受けており、作戦部隊としていつでも行動できる体制にあります。

「計画単列」としての兵団

兵団は「軍」「党」「政」「企業」一体の、「新疆ウイグル自治区」内にありながら、自治区には属さない特殊な組織です。ゆえに、国内外から中国の憲法における兵団の立ち位置についての疑問の声が多いです。

中国共産党はこれらの指摘をクリアにするために、一九九八年に兵団を正式に「計画単列」という特別な行政機関として位置づけました。これは、それまで「計画単列市」制度として用いられていたもので、大連、廈門《アモイ》、青島、寧波、深圳《しんせん》の五つの市が、経済および社会発展の諸項目において、所属する省の計画から独立し、経済面で省級の地方に準ずる権限を与えられました。兵団の計画単列化とは、これと同等の権限を与えるものであり、その結果、兵団は新疆ウイグル自治区と同等の権限を持つ地方行政地域になったのです。

この措置が取られた理由として、兵団が「軍」「党」「政」「企業」が一体化を遂げた特殊な機関であり、新疆ウイグル自治区には属さない独特な組織であること、しかし土地が自治区内にあるために企業として得た利益の一部を自治区に納税する義務が発生するという問題を解消しなければならないこと、軍としての機能を維持するために必要な予算を、正規軍と同様に中央政府が支給する必要があること、兵団退役人員の社会保障問題、兵団内部の人口増加による教育・科学事業・文化や衛生・医療などの費用を国家予算から支給する必要があること、などなどが挙げられます。結果として、兵団の「軍」としての財政や人員の福祉問題などが解決しました。

しかし、憲法上での疑問は残されたままです。中国国内の知識人らも、兵団について「管理体制にねじれ現象が見られる」と問題提起しています。「ねじれ現象」を解決するために中央政府は、「新疆生産建設兵団」は「中央政府」と「新疆ウイグル自治区」の「双層領導」下に置かれていることをアピールし、新疆ウイグル自治区のトップが新疆生産建設兵団のトップを兼ねるなどの政策を講じています。

実際、新疆ウイグル自治区の馬興瑞は、新疆ウイグル自治区のトップであると同時に、新疆生産建設兵団の司令官でもあります。憲法で「民族自治権」が与えられた自治区のトップが同時に軍司令官の役職も担うことは、憲法上で更に問題視されなければならない面があることを指摘しなければなりません。

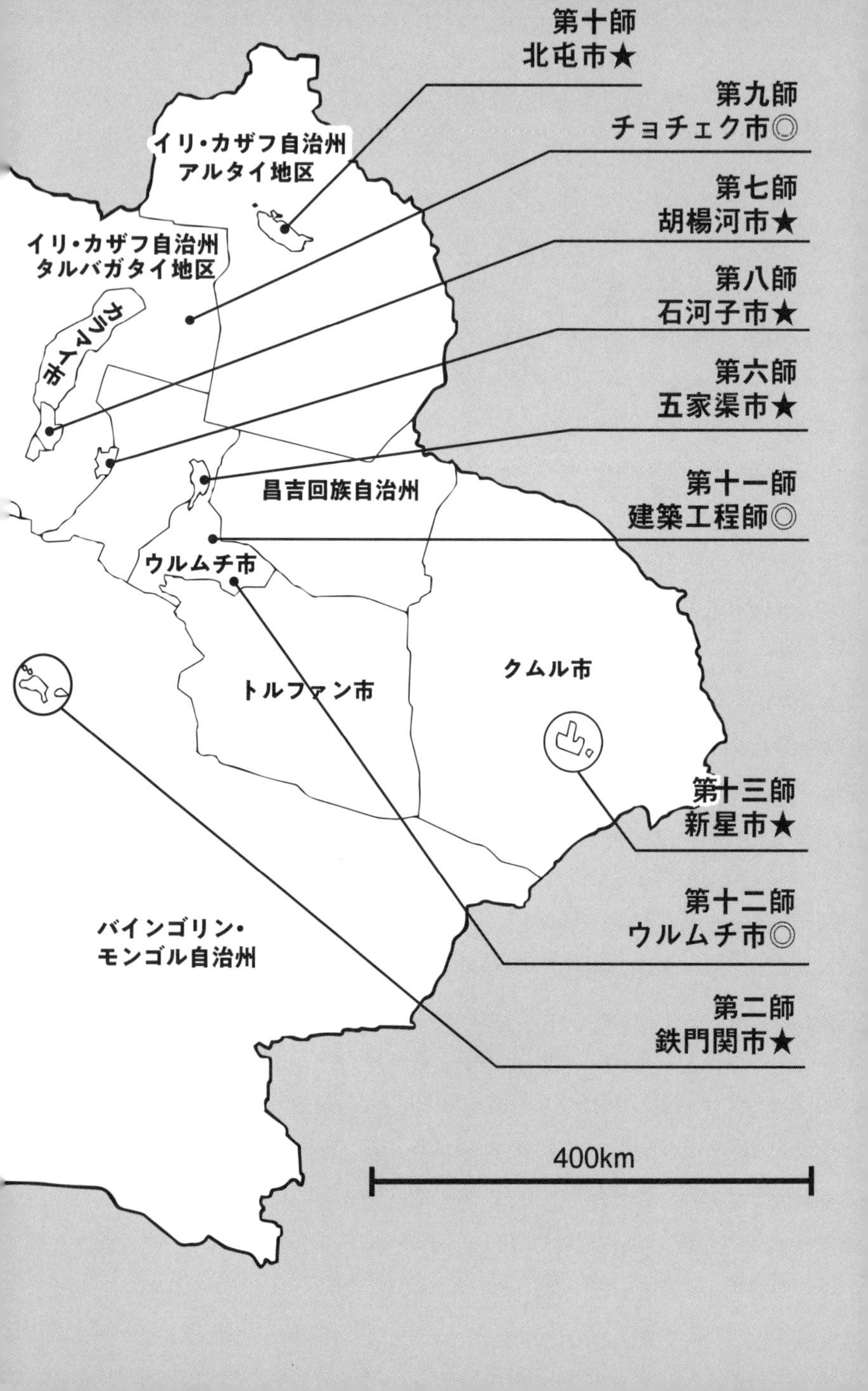

第十師
北屯市★
第九師
チョチェク市◎
第七師
胡楊河市★
第八師
石河子市★
第六師
五家渠市★
第十一師
建築工程師◎
第十三師
新星市★
第十二師
ウルムチ市◎
第二師
鉄門関市★
イリ・カザフ自治州
アルタイ地区
イリ・カザフ自治州
タルバガタイ地区
カラマイ市
昌吉回族自治州
ウルムチ市
トルファン市
クムル市
バインゴリン・
モンゴル自治州
400km

《新疆生産建設兵団における「師市合一」及び本部所在地》

★＝師市合一　◎＝本部のみ

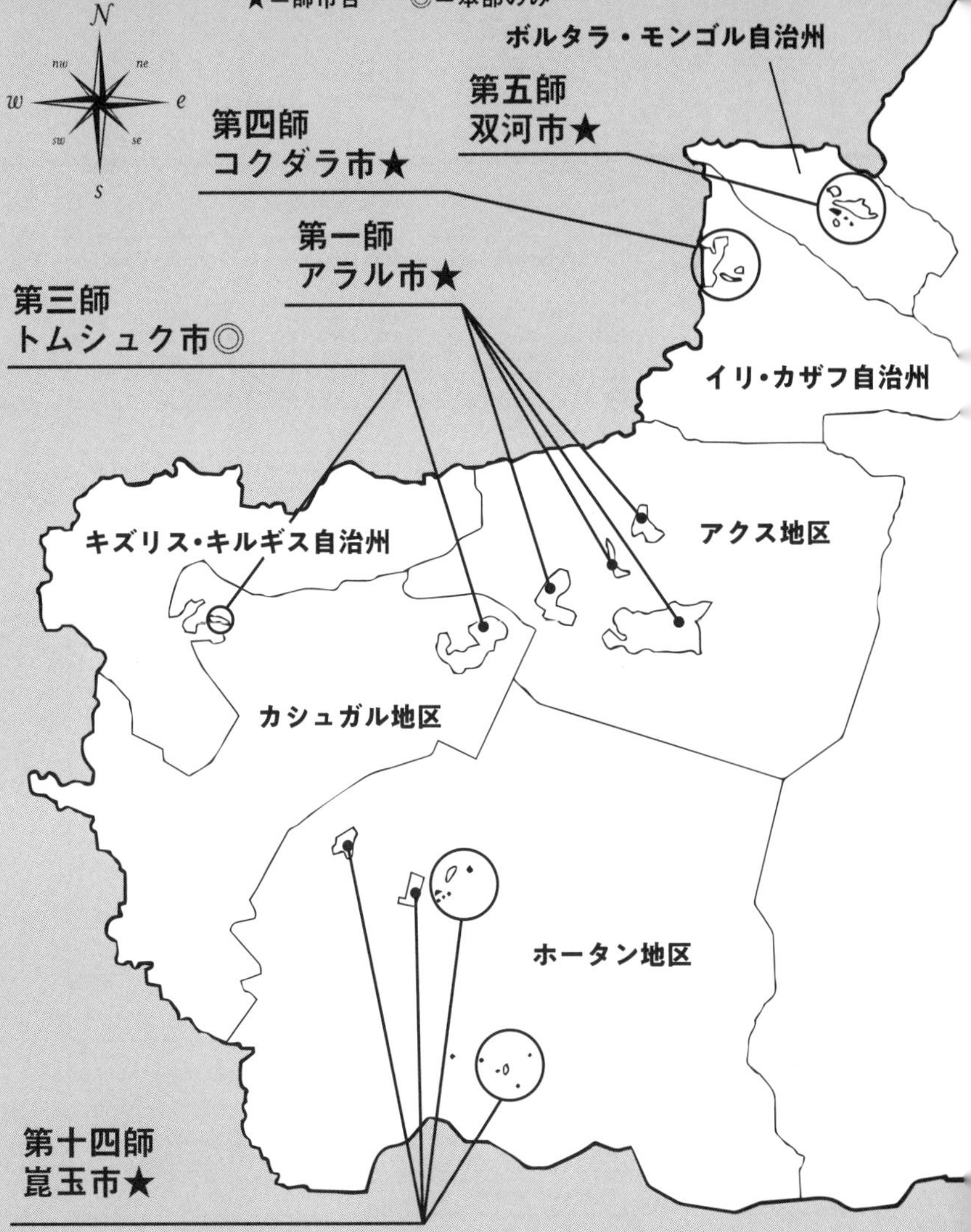

新疆生産建設兵団十四師の詳細

第一師	前身	1949年10月に新疆に進軍しアクス河領域のアクス地区に配備された中国人民解放軍第一野戦軍第一兵団第二軍歩兵第五師（さらにその前身は「中国工農紅軍第2方面軍第6軍団」と「国民革命軍第18集団軍百二十師団359旅団」から生産部隊に改編された中国人民解放軍農業建設第一師
	本部	アクス市にあり、2002年に建設されたアラル市を「師市合一」政策で受け持つ
	構成	16の農業団場と15の鎮、アラル農場や幸福農場を所有
	生産	2017年の第一産業が総生産比例において40.4パーセント以上、第二産業が38.9パーセント以上
	所有企業	「阿拉尔統衆（綿花を主とした農産品の栽培、自発水力発電、和旋窑余熱発電、控股発電・電網企業）」「阿拉尔新鑫（土地開発整理、工程建設管理、資産の回収と購買）」「西北興行（工程建設管理）」、「青松建化（セメント；硅酸塩セメントやH級、大堤セメントなどの特殊セメントを扱っている）」、「新農開発（棉花种植及加工、綿花収穫、化繊、牧畜乳業、甘草製薬、不動産開発）」
	GDP比	108.14億元（2016年）
第二師	前身	1949年10月10日甘粛省の张掖から出発し1949年11月にウイグルの北と南の分岐点としての要所であるコルラとカラシェヘルに到着し駐軍した中国人民解放軍第一野戦軍の第二軍第六歩兵師団から改編され1953年設立した中国人民解放軍第二農業建設第二師団
	本部	バインゴリン・モンゴル自治州内に配備されている。師団本部はコルラ市にあったが今は師市合一で受け持つ鉄門関市（2012年設立）
	構成	4つの墾区に分かれ19の農牧団場と9つの鎮を所有
	生産	第一産業が30パーセント、第二産業が44.5パーセント、第三産業が25.5パーセント
	所有企業	「緑原国資（農畜産物の販売、工程施工、農業資料の販売、トマト関連の商品、皮と綿、鉱業産品の販売、砂糖産業、農産品の収集と買付、販売）」、「冠農股份（トマト関連商品、皮綿、砂糖）」
	GDP比	138.18億元（2017年）前年比9.4パーセントアップ
第三師	前身	兵団第三師の前身は中国人民解放軍第一野戦軍第一兵団第五軍歩兵第十四師団から改編された中国人民解放軍新疆軍区第三農業師団
	本部	マラルベシ県トムシュク市（2002年建立）
	構成	18の団と3つの農場、2つの牧場、14の鎮
	生産	主な産業は綿花の栽培と販売、果物栽培と販売、その他鉱業と工業区の開発業務
	所有企業	「前海集団（皮綿、果物販売、綿製品、綿毛油、農機物資、綿紡績販売）」
	GDP比	108.14億元（2016年）

第四師	前身	中国人民解放軍第一野戦軍第一兵団第五軍歩兵第十五師団から改編され一九五三年に成立した中国人民解放軍新疆軍区第三農業師団
	本部	霍城県にあり、コクダラ市（2015 年建立）を受け持つ
	構成	21 の団と 5 の鎮
	生産	2017 年の産業比率は第一産業が 24.4 パーセント、第二産業が 53.4 パーセント、第三産業が 22.2 パーセント。穀物、綿、白酒、牧畜業、工業など
	所有企業	「農四師国資公司（電力、医薬、建築、農業、白酒、レストラン。ホテルサービス業、交通運輸、化学工業産品、担保）」、「伊力特（白酒）」
	GDP 比	175.6 億元（2017 年）前年比 10.3 パーセントアップ
第五師	前身	中国人民解放軍第一野戦軍第一兵団第六軍歩兵第 16 師から改編され 1953 年に設立された中国人民解放軍新疆軍区農業第五師
	本部	ボルタラ市にあったが、今は双河市（2014 年設立）に移された
	構成	11 の団と 5 の鎮
	生産	九つの農業団場があり、麻、砂糖、薬材、牧畜業など
	所有企業	新賽股份公司（上場企業）
	GDP 比	59.07 億元（2016 年）
第六師	前身	中国人民解放軍第一野戦軍第一兵団第六軍歩兵第 17 師（さらにその前身は西北野戦軍新 4 旅団である）から改編され 1953 年に設立された中国人民解放軍新疆軍区農業第 6 師
	本部	五家渠市（2004 年建立）
	構成	19 の団と 3 つの鎮
	生産	綿花、穀物、果物、家禽、食用油、牧畜業など
	所有企業	「蔡家湖公司（基礎施設建設、農業産品の販売）」、「第六師国資（工農業、商業、不動産業、旅行業、飲食業）」、「滙豐城投（投資と資産管理、区域開発、不動産開発、会議と展覧服務、物業管理、社会経済コンサルティング、建材販売、賃貸業、中古住宅販売、建築工程代理）」の三社、上場企業は「ＳＴ中基（トマトなど農産品の加工）、百貨村（医薬業、薬物発見、研究、技術服務、薬物を発見し提供、ＣＭＣ、臨床ＣＲＯ、薬品登録、ＣＭＯ／ＡＰＩ供給など新薬品の開発から一供給までの全流れの一体化の解決法案）」
	GDP 比	162.41 億元（2017 年）前年比 10.2 パーセントアップ

第七師	前身	中国人民解放軍第22兵団第九軍歩兵第25師を改編し1953年設立された中国人民解放軍新疆軍区農業第7師
	本部	クイトゥン市にあり、師市合一で胡楊河市（2019年建立）を受け持つ
	構成	11の団と1つの鎮
	生産	北新疆の気候と土壌に最も恵まれた山地と盆地に配備されている為に、上質な綿、果物、穀物の生産基地でもある
	所有企業	「第七師国資公司（国有資産の運営、投資、価値を保って、価値を上げるなどの運営）」
	GDP比	147.2億元（2017年）前年比11.2パーセントアップ
第八師	前身	解放軍第22兵団第九軍歩兵第26師から改編され1953年設立した中国人民解放軍新疆軍区農業第8師
	本部	石河子市（1976年建立）
	構成	18の団と1つの鎮
	生産	農牧団場と工場、鉱山などは石河子市とカラマイ市、沙湾地区、マナス河の両岸の広い地域に位置する
	所有企業	「石河子建設（市や政府の工程業務、不動産産業、土地開発）」、「天富集団（発電、供電、供熱、供天然ガス、石炭生産業、販売、不動産、工業、運輸業）」、「天業集団（プラスチック製品、化工製品、セメントなどの建築材料、建築内取付、運輸服務、トマト製品、販売用家屋、電力、電石、石灰販売）」、「西部牧業（乳製品の加工と販売、牛乳の生産と販売、種畜の養殖と販売、肉加工と販売、飼料生産と販売、油脂生産と販売、豚の養殖と販売、牧草の収穫、機械で畑を植えるなどのサービス業）」、「新疆天業（化工製品、電、車、プラスチック製品、トマトケチャップ、建築部品の取付、販売用不動産、包装材料、運輸業、建築材料、灌漑工程収入）」、「天富能源（発電、供電、供熱、建築施工、天然ガス）」
	GDP比	505.35億元（2017年）前年比7.9パーセントアップ
第九師	前身	中国人民解放軍解放軍第22兵団第9軍歩兵第27師団から1962年設立された中国人民解放軍新疆軍区農業第8師
	本部	白楊市（2022年建立）
	構成	11の団
	生産	油、砂糖、牧畜業
	所有企業	なし
	GDP比	36.1億元（2016年）

第十師	前身	中国人民解放軍第22兵団騎兵第7師団から改編され1959年設立した中国人民解放軍新疆軍区第10師
	本部	北屯市（2011年建設）
	構成	11の団と3つの鎮
	生産	第一産業17.8パーセント、第二産業49パーセント、第三産業が33.1パーセント
	所有企業	「十師国資（国有資産の運営、投資、価値を保って、価値を上げるなどの運営）」
	GDP比	73.16億元（2017年）前年比17.2パーセントアップ
第十一師（建築工程師）	前身	中国人民解放軍第22兵団騎兵第八師団から改編され1953年設立した中国人民解放軍新疆建築工程師第1師
	本部	ウルムチ市
	構成	他の師団と違って農牧団場を所有していない
	生産	兵団の中で唯一建築工業・土木工事等を主業とする
	所有企業	「北新路橋（建築装飾、公路工程、橋梁工程、トンネル工程、市政交通工程、不動産開発と経営）」
	GDP比	2339.07億元（2017年）前年比8パーセントアップ
第十二師	前身	1982年に兵団のウルムチにおける農場管理局として設立し2001年に現在の名称に改名
	本部	ウルムチ市
	構成	8つの団
	生産	第一産業が50パーセント、第二産業が5パーセント、第三産業が42パーセント
	所有企業	「第十二師国資公司（牛乳及び乳製品、銅鉱山、鉄鉱山、スラグ鉱山、節電機能設備、農業産品と燃料油の卸売、各種綿糸、織物など）」、「新疆天恒基（生鮮牛乳、ヨーグルト商品系列、ＵＨＴ系列商品、消耗性生物資産）」「中瑞恒遠（綱材料及び農業貿易、不動産業務、倉庫業務）」
	GDP比	1619.88億元（2017年）

第十三師	前身	1949年11月にクムルに駐軍した中国人民解放軍第六兵団第16師である。1982年に元クムル（哈密）兵団の農場管理局としてクムルに設立し2001年に現在の名称に改名
	本部	クムルの伊州地区
	構成	11の団と3つの鎮
	生産	果物栽培や鉱業基地開発などを基本とする営み
	所有企業	なし
	GDP比	100.05億元（2016年）
第十四師	前身	1982年にホータン（和田）に置かれた準師級の農場管理局を2001年に現在の名称に改名
	本部	ホータン市
	構成	5つの団と5つの鎮
	生産	果物栽培と、牧畜業基地開発など
	所有企業	なし
	GDP比	17.5億元（2016年）

「建築工程師」第十一師

新疆生産建設兵団が設置している十四の師の中で、他の師と異なる構造を持つ独特な師が一つ存在します。それは「建築工程師」と呼ばれる第十一師です。兵団の他の「師」は農牧業の団場を所有していますが、この「建築工程師」は建築団と建築分公司から成り立っています。崑崙綿紡績工場など建築以外の分野にも出資していました。

建築工程師は、建築、設計、設備の設置、建築材料の生産、園芸林芸術、機械、電子、化学工場、食品、紡績業などを一体化した大型企業集団でもあります。また、他の農業師と違って、農業局、水利局や公安局、法院や検察院などを設置していません。

兵団の建築工程師は、建築企業と軍が一体化したからこそ、信頼を得て中国の国家プロジェクトである「一帯一路」の中央アジア諸国やパキスタン・インドなどの周辺国のインフラ建設を任されているとも言えるでしょう。中国のどの企業が「一帯一路」の建設に携わっているかということは重要なポイントです。中国の準軍事企業が各国のインフラ設備に携わっていることは、各国の安全保障の視点から検討されるべき問題です。

「師市合二」の現在

二〇一五年四月十七日、日本の中国大使館のウェブサイトに以下のニュースが掲載されました。

新疆ウイグル自治区のイリ・カザフ自治州に十二日、県級市ココダラ（可克達拉）が正式に設置された。自治区党委副書記・新疆生産建設兵団党委書記・政治委員の車俊氏と自治区党委常務委員のショハラト・ザキル氏が十二日、ココダラ市のプレートを掲げた。同市は新疆生産建設兵団成立から六十一年、石河子、五家渠、アラル、トムシュク、北屯、鉄門関、双河《そうが》市に続いて設立された兵団直属の八番目の都市。国務院はこれより先、ココダラ市を設置し、兵団都市の「師市合二」（軍と都市の一体化）方式をとり、新疆生産建設兵団第四師団の管理下に置くことを承認した。

これは、兵団と都市の「師市合一」（軍と都市の一体化）方式をとる新たな体制に入ったことを意味する重要な記事でもあります。新疆生産建設兵団は師が市を建設し、団が町を建設しています。

兵団は今後もその経済成長に合わせて市を増やして行く計画であり、近い将来第十二師が北亭市を建設する予定です。長期的な展望としては、第一師が金銀川市を、第二師がタリム市とミラン市、南屯市を、第三師が前海市を、第六師が芳草湖市を、第八師が下野地市を、第八師に莫索港市を、第九師が烏什水市をそれぞれ新たに建設し、「師市合一」で受け持つ市をさらに増やす予定です。

兵団の構造と機構について

新疆生産建設兵団は「軍・政・党・企」が合一した特殊な体制の「準軍事政府機関」と位置づけられていました。しかし、この四つの機能は正式のそれに比べれば過不足なところがあり、中国では「四不象的怪胎（どれとも似ていない変わりもの）」というあだ名もあります。兵団の軍としての性質を最もよく表しているのが、その組織構造が人民解放軍と同じであることでしょう。兵団は師、団、連、排、班の構造になっています。組織構造が軍と同じなので、新疆生産建設兵団のトップの役職名称は、軍のトップと同様司令官です。兵団の軍事機構は兵団軍事部と兵団武警に分かれています。兵団軍事部の第一書記は兵団政府委員長が兼務します。その他の兵団軍事部と兵団武警のトップは新疆軍区から派遣されます。つまり、専門職の軍事要員がその役職を担当しています。

各師と団のそれぞれに、職業軍人と人民武装部が配置されていて、民兵の訓練と軍事工作を担う時の責任者としてまた警備も担当します。各師の職業軍人と民兵らは、不測の事態に随時対応できるように最新の武器を備えて待機しています。それ以外にも「兵団に専門の予備役部隊」が設置されています。

兵団の「軍・政・党・企」一体の構造の中で、近年になって「企業」としての面が突出してきました。兵団の推定三百四十八万人以上の人口が、一つの経済社会体系を作りその運営を支えています。兵団は企業活動を「中国新建集団公司」として展開し、農作物・綿花・牧畜などの第一次産業、石炭・石油・機械生産などの第二次産業、各種小売・不動産・観光業などの第三次産業まで、約四千五百社に及ぶ巨大複合企業であり、海外にも進出しています。

兵団内の企業は兵団と所属する師、両方の指揮下に置かれながらも、比較的独立した大型企業の特質を持っています。

兵団が「軍」として保たれる理由

一九四九年十月、中国共産党と解放軍は「新疆和平解放」と呼ばれる戦略によって新疆に入り、この地域は共産党の支配下に置かれました。そして共産党の新中国が主権を行使できるようになりました。しかし「新疆和平解放」にまつわる根深い諸問題があり、その嘘や陰謀などが明らかになるにつれ、ウイグル内部の抵抗運動と中国共産党と解放軍を追い出そうとする意志と力は強まるばかりでした。中国共産党としては、内部の反発を抑えるために、強大な軍事力をここに置く必然性が生じました。

加えて、「新疆の地理的な位置は、軍事上最も重要な価値がある」という要素も、共産党を不安にさせていました。新疆は五つのイスラム国を含む八つの国（インド、ロシア、モンゴル、アフガニスタン、パキスタン、カザフスタン、キルギス、タジキスタン）と国境を接しています。もちろん、国境には強力な国防軍が置かれていますが、「新疆は中国の内地の入り口である安西、玉門、敦煌一帯と繋がり、北は山を越えればモンゴルに通じ、南はチベットと青海省に繋がっている重要な要塞」として、中国の西北部における軍事的要所でもあります。中国の主権と支配を維持するために、民衆の内部からの反発を鎮圧するために、国境を守る国防軍とまた別の軍隊を新疆内部に戦略的に配置する必要があったのです。

人民解放軍が「国防部隊と生産部隊」に分けられ、国防部隊は生産活動を免れました。生産部隊は軍隊としての体質を保ったままに、新疆生産建設兵団の前身となりました。中国側は、兵団の軍としての役割を「新疆の社会安定を保持するためのもの」としていますが、中国側の懸念としては、以下のような複雑な「不安定な要素」が挙げられます。

①新疆にウイグル人が多く住んでいること。

②カザフ人、キルギス人、ウズベク人、タタール人が国境を跨って自らの独立した国を

持っていること。
③これらの少数民族の宗教がみな同じイスラム教であること。
④国境を越えて世界のテュルク系の国々やイスラム諸国と繋がってしまう恐れがあること。
⑤「元々分離主義の思考がある」こと。
⑥「地方民族主義」や「汎トルコ・汎イスラム主義者の傾向」があること。

入植した漢民族の受け皿になっている

「軍」としての新疆生産建設兵団は、「和平解放」に伴って生じた様々な新疆情勢を「安定化」させる役割を果し、中国の主権維持のための特殊機関として成立しました。

「和平解放」と同時に中国共産党に寝返った国民党軍と、中国人民解放軍の一部になると宣言した東トルキスタン民族軍を「生産建設兵団」に組み込みました。そしてこの二つの「軍」を、より強大な兵団に編入した後で、溶かしてしまいました。

「新疆生産建設兵団」は「軍」であるからこそ、それ以外にも様々な重要な役割を果たしてきました。その一つは「漢民族の新疆入植」の受け皿になったことです。

新疆には中国の今後の発展になくてはならない豊富な地下・地上資源があります。この資源を中国のものにして中国が強大になることが、「和平解放」の主な目的の一つでもありました。また、新疆に漢民族を大量に入植させ、人口を逆転させることにより共産党の主権を強固なものにすることが、中国共産党の長期的な国家戦略でもありました。

一九四九年の新疆における漢族の人口は、軍と民間を合わせて新疆全人口の六・七二パーセントに過ぎませんでした。一九九九年、漢族の人口は移民により五百六十九万五六二六人になりました。十九・五七倍の増加で、新疆の全人口の三十七・五パーセントを占めるようになりました。中国側からすれば、漢族移民が新疆の開発と建設、そして新疆安定に重大な作用を果したと評価するでしょう。

共産党政府の計画的な入植により一九四九年から漢民族幹部や一般人が大量に自治区と生産建設兵団に流入し続けましたが、その過程で思わぬ問題が生じました。政府の計画的な入植とは別の、新疆の豊富な資源と広大な土地をめざす自発的な漢民族の流入が後を絶たなかったのです。中国全土で、新疆で金鉱を当てたとか、あるいは玉を掘って大金持ちになったとかいう人々の「伝説」が流れたことも、漢民族の自発的な新疆入りを後押ししました。彼らは共産党政府の計画的入植政策に含まれていない身元不明の人々でした。新疆において彼らは「盲流」や「黒戸口」とも呼ばれました。そう呼ばれた訳は、新疆の治安が彼らによって著しく悪化し、強盗などの犯罪が増えたからです。政府部門で働く漢民族らの日常生活が脅かされただけではなく、各民族間の軋轢が酷くなりました。正規に入植した漢民族も、彼らのことを厄介視していました。兵団への漢民族の入植は、一九五九年から一九七四年の間だけで、漢民族の入植者数は百万二千八百七十八人になりました。

ここで、兵団の政策は「辺境支援」「新疆開発」との名目で行われていたことに注目すべきです。その中に、地元住民であるウイグル人を支援する、あるいは就職させるような動きはありませんでした。「新疆支援」「新疆開発と建設」政策はウイグルの資源と土地を漢族入植者に提供することで、中国政府と漢民族だけが潤う政策であることが分かります。この政策が漢族あるいは兵団と地元住民の貧富の差を広げ、反発を買いました。この反発を中国政府が「社会安定を脅かす勢力」あるいは「三股勢力」と名づけ、兵団の「軍」としての力で鎮圧しました。

静岡大学の楊海英教授は、生産建設兵団に移植された漢族の構成について、

兵団は屯田兵らを現地に定住させるために、上海などから売春婦らを含む四万人もの女性を派遣した。このような中国人入植者の増加に対する強烈な不満は、少数民族側に民族の自決を求めて来た過去の運動を想起させ、動乱をさらに拡大させていた。

（楊海英「ウイグル人の中国文化大革命：既往研究と批判資料からウイグル人の存在を抽出する試み」『アジア研究』別冊４　静岡大学人文社会科学部アジア研究センターより）

と、台湾側の資料を引用しながら論文で述べています。生産兵団の「軍」としての体質により、犯罪者や売春婦らを受け入れて人口増加を促し、人員の減少を効果的に防いだことが見て取れます。

国境地域の管理を担う

新疆生産建設兵団の国防を語る上で欠かせないのは、一九六二年に中ソ国境のイリで起きた有名な「五・二九事件」です。

この事件に関してウイグル側と中国側の言い分は違います。中国側はこれを「ソ連領事館の挑発による事件であり、我が国の辺境居民を奪うことで我が国の社会秩序と生産秩序を破壊し、大量の新疆分裂主義者たちがソ連に逃がれる機会をつくることを目的とした」事件であると位置付けています。一方、ウイグル人側は、中ソ蜜月関係が終わる兆候があり、今後親族らが多く住むソ連側の中央アジアの国々に自由に行き来できなくなることを恐れ、移住を決意した、と説明しています。

当時イリからソ連側に五万六千人が渡ったとも言われていました。彼らが残した土地や家屋、家畜は、その後兵団の三万人に受け渡され耕作と管理が行われました。その辺境を兵団が「軍・武警・兵・民」四合一体の防衛体制で管理したことは、中国の主権が及ぶ領土であることを主張する上で有効なものであり、兵団の大きな功績にもなりました。

「軍」としての兵団は上記以外に、内側から自治区とウイグル人を支配するシステムとして機能し、強制収容、強制労働、そしてそしてウイグルジェノサイドの実行役を担っています。「新疆公安ファイル」からも、兵団の多くの監獄に強制収容される人々が送られていることが読み取れます。兵団は「軍」として、近年ウイグル人を強制的に内地に移し、内地の中国人を高待遇でウイグルに誘致する活動も行っています。それにより人口逆転を狙うと同時に、ウイグル人の土地や家屋を兵団が呑み込みます。今後詳細が明らかにされるべき研究課題です。

「民族自治区域」内における治外法権

「新疆は二つある」「あなたはどの新疆に行くの？」などと揶揄されるように、「新疆ウイグル自治区」に「新疆生産建設兵団」と呼ばれる自治区に属さない行政機関と土地が存在します。中国国内の知識人らもこのことを問題視しています。「新疆生産建設兵団」の憲法での位置付けをどのようにすべきか、どう理解すべきかとの声が後を絶ちません。海外の学者らは「政権の中の政権、国の中の国」という言葉で兵団を説明していました。

新疆生産建設兵団は、中央政府と新疆ウイグル自治区政府の二つの指導下に置かれている、とされています。一九九八年に新疆生産建設兵団は自治区と同等の「計画単列」に設定されましたが、法律的には根拠もなければ説明もできないという根本的な問題は解決されたわけではありません。
『私の西域、君の東トルキスタン』（集広舎）などを書いた中国の有名作家・王力雄は、新疆生産建設兵団の不可解で違法な治外法権的体質について問題提起している一人です。彼は二〇一九年七月十九日、ラジオ・フリー・アジア（ＲＦＡ）中国語版に「新疆生産建設兵団についての評論」を寄せていました。ここで彼の評論の一部を日本語に訳してみます。

中国憲法上の行政区域区分において、兵団の位置を合法的に説明できない。現実問題として兵団の百箇所以上の飛び地が新疆全域にある。兵団の面積は七・四三万平方キロメートルで、寧夏回族自治区の面積よりも大きい。そして台湾の二倍に相当する。兵団のこれらの土地は、地元政府の管轄を受けない兵団直轄の政権体系である。北京から発布された各種文書では、「各省、市、自治区、新疆生産建設兵団」と並記されていた。兵団が歴然と一つの省として位置づけられていることがわかる。新疆は本来「民族区域自治」が憲法で収められた自治区である。民族自治区域内に百カ所以上もある全く別の『自治区域』を挿入していることは、本来の自治区域の分断と分割である。これは法律上どのように解釈するのか、また解釈できるのか。

主権と治権の問題

王力雄の指摘通り、現代中国に含まれる新疆ウイグル自治区には、二つの異なる治権の形が存在します。一つ目の新疆ウイグル自治区は、中国の憲法で定められた中国共産党主権の治権の形です。もう一つの、実は自治区よりも一年早い段階で設立された新疆生産建設兵団は、中国の国家と憲法が定めた民族区域自治の治権と相反する治権の形です。中国共産党の主権がこの地に及んだのは「和平解放」の結果ですが、それにもかかわらず中国の軍事組織である兵団がこの地に存在するのは、「和平解放」が嘘と陰謀による一時凌ぎの「作戦勝ち」であった証拠でもあると考えられます。

その意味で、共産党の主権は当初から非常に不安定で基盤が弱いことを指摘しなければなりません。民意の同意を得てない主権を確固たる物にするためには、まず大量の軍を置く必要性がありました。同時に中国を「解放」に導いた夥しい数の「解放軍」を、どのようにして養うかという問題に直面していました。

新疆は資源が豊富で、農耕地に適している場所がまだ多くありました。開墾すれば穀物を育てられる、「軍」を養える環境があったのです。

軍は「国防軍」と「生産軍」に分けられました。国の防衛と同等に重要視されたのは、新疆内部の民衆の反発と抵抗を鎮圧する軍事力です。元「国民党軍」や元「東トルキスタン民族軍」を吸収して溶かしてしまうためにも「強大な軍事力」が必要でした。そのため、兵団は設立当時から「生産部隊」でありながら「軍」としての性質が保たれました。生産部隊としては穀物や工業生産に励み、富を築いたのです。

また新疆における主権の維持と安定のために「新疆にウイグル人が多く住む」現状を変えようと、政権にとって信頼できる漢民族を大量に入植させました。中国内地の犯罪者や売春婦なども受け入れ、「軍」の規律と労働改造によって優良な兵団員に改造しました。

その結果、兵団の拡大に成功しました。

中国共産党は本来東トルキスタンの人民に約束した「連邦制」や「自決権」を与えませんでした。一九五五年に「自治権」を与えましたが、この「自治権」も中国共産党の主権が弱いからこそ、弱い主権の安定を図ると同時に、東トルキスタン共和国の「飛行機事故」に遭わずに残された勢力と東トルキスタンの民の反発を弱める手段として与えられた、との仮説を立てることもできます。「自治権」が本当に実施されると共産党の統治体制や主権がさらに弱まることを、共産党は恐れたでしょう。共産党がとった主権維持のための政策の一つが、形として「民族地域自治」を与えることでした。もう一つは、兵団という強大な軍事組織によって「自治」を監視し、その実行を抑えることでした。その論拠としてあげられるのは、憲法で定められた「民族自治区域」に与えられるべき権利について、実行が伴っていないことです。形だけの「民族地域自治」を与え、時間をかけて共産党の思い通りの「中国の不可分離の一部」にしていくことを、最初から考えていたのでしょう。

国内外の学者らが「新疆ウイグル自治区内の治外法権」と指摘する兵団の存在に、共産党のこのような目論見が隠されていると言えます。だからこそ「新疆ウイグル自治区」と「新疆生産建設兵団」をセットで捉え、分析すべきです。兵団は「新疆ウイグル自治区」において、中国の主権を強化するための治権の形であると理解した時に、「主権と治権」の問題が見えてきます。今の「新疆ウイグル自治区」は憲法で定められた多くの権利が守られず、形式ばかりの制度になっていることも、はっきり見えてきます。

今後新疆ウイグル自治区は、「中華民族共同体」に向けての歩みの中でさらに弱体化すると考えられます。新疆生産建設兵団は「兵地統合（兵団と地元を統合する）」政策などで拡大し、経済的にも強大化しながら地元を呑み込んで行く構造になっています。中国政府の「軍・政・党・企」一体のこの特殊機関は、設置されたときから今日までの（文革時の解消期間を除く）七十年の間、中国共産党の「新疆」における主権強化と国益を守る役割を一貫して果たしてきました。新疆生産建設兵団と新疆ウイグル自治区の七十年の歴史的な歩みを切り離さずに同時に見ていくことが、中国共産党政権と新疆ウイグル自治区の諸問題を語る上で欠かせないでしょう。

「軍企業」の製品が世界市場で売られている

兵団は農作物・綿花・牧畜などの第一次産業、石炭・石油・機械生産などの第二次産業、各種小売・不動産・観光業などの第三次産業を幅広く営む、約四千五百社からなる巨大複合企業体を形成しています。当初は農業開発と建設土木が中心だった事業が、今はエネルギー、鉱業、化学、石油および天然ガス生産、物流、繊維、アパレル、エレクトロニクス、ワイン、食品加工、保険、観光など、幅広い分野に広がっています。

英国のシェフィールド・ハラム大学のヘレナ・ケネディ国際司法センターは、二〇二二年七月に「UNTIL NOTHING IS LEFT」という報告書を発表しました。報告書は「ＸＰＣＣが生産する商品はグローバル・サプライチェーンに流れている。その建設プロジェクトは新疆ウイグル自治区だけでなく、中国全土、中央アジア、中東、アフリカ全域に及ぶ」と述べています。また「ＸＰＣＣは、この地域の総面積の六分の一、耕作可能地の四分の一、総人口の六分の一、およびその統治機能を実質的に管理し、軍隊を擁し、各種メディア、大学の所有を通じて知識を支配し、独自の学校、刑務所、裁判所まで運営している。ＸＰ

CCが直接・間接的に取引する企業の数は、全世界で八十六万二千を超える」と明かしています。

兵団によるウイグルの環境破壊

兵団がウイグルにあるタリム河の上流に十九のダムを作って水を溜めたため、結果的にタリム河の下流に水が行かなくなり、ウイグルのシンボルマークとしても語られる彷徨えるロプノール湖が地上から消えてしまいました。ロプノール湖が消えた要因としては、ウイグルでの中国による核実験の影響も大きいと考えています。

兵団の開墾とウイグルの環境問題についての詳しい研究に、日本で博士号を取った在日ウイグル人の学者ビラル・ナズミの『Sherqi Turkistan Nopus Jughrapiyesi（東トルキスタンの人口と地理）』があります。ビラルの研究内容を引用します。

第八師が駐屯する石河子市の人口の増加、工業発展と開墾でマナス河の水が途絶え、マナス湖も枯渇してしまった。兵団による地下水の乱開発と乱用で、トルファンの地下水路であるカレーズが徐々に枯渇した。

二〇〇五年、トルファン市ピチャン県の二つの村にあるカレーズが枯渇してしまい、住民が移転を余儀なくされたことも記憶に新しい。

第五師と第七師の開墾と乱開発により、ボルタラにあるイブヌル湖が枯れて周辺の草原地帯が激減し、牧畜を営むカザフ人が路頭に迷い他の草原地帯に移った。

兵団の開墾、乱開発によりウイグルの自然環境が破壊され多くの農業用地が使えなくなりましたが、兵団の増え続ける人口とウイグルへ入植する漢族の人口そして十三億人を養うためにはさらに多くの土地と食料が必要になり、ウイグル人は土地が奪われ「産業労働者」になりました。ウイグルの環境破壊が今後の世界にどのように影響を与えていくのか、さらに注目し研究を重ねていくべきでしょう。

第二章　新疆生産建設兵団の設立

禁じられた「東トルキスタン」

今の中国では「東トルキスタン」、「東トルキスタン共和国」、「東トルキスタン民族軍」などの言葉が「国家分裂主義を煽るテロリストの用語」として禁止されています。そのような言葉や地名は「地球上に存在しなかった」、「海外勢力が中国に対して使う悪意ある言葉」と本気で信じている中国人も多いです。

東トルキスタン共和国はウイグルの北の「イリ」、「タルバガタイ」、「アルタイ」という三つの地域を拠点としていました。東トルキスタン民族軍もこの北の三つの地域に主戦力を置いていました。この三つの地域が後に共産党によって「三区」とされ、公式に東トルキスタン共和国を「三区革命」、東トルキスタン民族軍を「三区民族軍」と称して用語まで改竄しました。しかし、歴史上この三つの地域に、あるいはウイグルに「三区革命」「三区民族軍」という革命や軍は存在しません。この二つの言葉は東トルキスタン共和国と東トルキスタン民族軍の記憶を消すために、中国共産党が作った造語に過ぎません。日本の研究者は、このような中国共産党の歴史改竄造語を引用する時に注をつけるべきでしょう。

日本のウイグル研究の中には、「中国共産党の民族自治区政策の寛容が、ウイグル人の民族史の再構築に繋がった」「偉人マザール（聖廟）などの発見の証拠として提出されたのは、一枚の報告書に過ぎない」との「学説」などがあります。ウイグル人の私から見ると、「ウイグル社会はそんなことを考えたこともない。ウイグル人偉人墓の発見は、長年の実地調査及び民間に保存されていた貴重で確かな資料の分析によって得られたものである。異議を唱えるならいつでも討論の場を設ける用意があり、歓迎する。これらの学説はウイグルの本当の姿を全く捉えてない」のです。

彼らが「再構築」や「一枚」にこだわるのであれば、中国共産党が「三区革命」などと改竄した「歴史の再構築」や東トルキスタン共和国リーダーたちの死を「一枚の電報」で片付けたことに対しても疑問を投げかけ、それらを含めた大きな流れの中で「ウイグル」

を捉えてほしい、と私たちウイグル人は願っています。

ウイグル人は、中国共産党によるウイグル近代史を含む様々な歴史改竄と、ウイグルの独自の文化・言語に対する「古の中華の一部」説に危機感を持って、多くの歴史事実や文化遺産を「憲法で定められた自治権」により書き残し、保存してきました。この現実に着目してほしいのです。

さて、中国共産党は何故「東トルキスタン共和国」という言葉を改竄するほど歴史に過剰反応を示すのでしょうか。

「和平解放」の真実は？

新疆生産建設兵団設立と「和平解放」の因果関係はどうだったのか？

東トルキスタンの民は「和平解放」をどう見ているのか？

一九四九年にウイグルで何が起きたのか？

それが今とどのようにつながっているのか？

東トルキスタン共和国が中国共産党に協力的だったことは事実ですが、それは中国共産党が東トルキスタンに入って、自分たちを支配下におくことに「協力的」ということでは決してありません。強いて言えば、ソ連共産党と中国共産党の間に置かれた東トルキスタン共和国のリーダーたちが協力したのは、当時彼らが理想とした「共産主義」に対してであり、中国共産党政権ではなかったのです。

毛沢東は何故新疆生産建設兵団を設立したか?

新疆進軍に関して、毛沢東をはじめ中国共産党と軍事委員会はその困難さを認識していました。「新疆占領」にあたって、解放軍は国民党軍以外にも、東トルキスタン民族軍そして東トルキスタンのウイグル人、カザフ人、キルギス人など民の抵抗に遭う可能性がありました。ウイグルの厳しい冬は迫っており、遠い道程をウイグルに到達するだけでも兵は疲弊します。その上戦争が長引けば、食糧、武器、弾薬、燃料などの後方支援が難しくなり、戦闘継続が困難に陥ることは目に見えていました。そのため毛沢東は、大規模な軍を一気に進めることを計画しました。

また毛沢東は新疆進軍が、スターリンの力を借りなければ達成できないことも知っていました。アメリカにあるウイルソン・センターの資料「〝Cable with message from Maozedong to Stalin〟,September 26, 1949」によれば、毛沢東はスターリンへの電報で、以下のように述べています。

我々は、ソ連と中国の民間航空会社の航空路線を開設することに同意する。すでに開設が決定しているのは、チタからムクデン、ウランバートルからカルガンを経て北京に至る路線である。しかし、これらの航空路のほかに、今日、我々にとって最も重要で必要なのは、ウルムチから蘭州を経て西安に至る路線である。

我々の五十万の軍隊は、十一月の初旬か中旬に、蘭州かコウシュウ（ママ）を経由して新疆に入る予定である。しかし、この地域の鉄道は貧弱で、状況は厳しく、人も少なく、食糧もない。したがって、食糧、衣類、主要要員、および部隊の一部を輸送するために、三十機から五十機の輸送機が必要であり、その支援を希望する。そのためには、この区間の航空路の準備を十月中にすべて完了させる必要がある。第一野戦軍司令官の彭徳懐は、十一月にこのルートを使用する用意ができている。今年の十一月に部隊を輸送できなければ、寒期到来のため部隊の輸送は来年の三月か四月に延期しなければならなくなる。そうなると新疆問題の解決に不利になる。

毛沢東がスターリンに五十万の大軍を新疆に進軍させると伝えたこの電報は、新疆占拠のためにはどんな手段も厭わないという毛沢東の意志でもあるでしょう。しかし当時、解放軍第一野戦軍に五十万もの兵がいたかどうかは疑問です。毛沢東は中国西北方面での戦争において投降した国民党軍を解放軍に改編し、更に甘粛省、青海省などで解放軍の兵を募集していたという事実があります。つまり毛沢東は新疆進軍のために兵を寄せ集めて、第一野戦軍を五十万ほどの大軍に再編したと考えられます。

しかし、毛沢東がスターリンに電報を打った時には、すでに新疆にいた国民党軍十万は抵抗しない約束をしていました。さらに、東トルキスタン民族軍も「飛行機事故によるリーダーたちの死」によって、その指揮権を完全にソ連側に奪われていました。戦わずして進軍できる可能性も出てきていたのです。

そのような好条件が揃っていたのにもかかわらず、毛沢東が五十万の大軍隊を新疆に進軍させることをスターリンに伝えたのは、新疆への進軍はできても、そこで中国共産党の統治権を確立し、また安定させるためにソ連の支援が必要であったからです。

とはいえ、五十万の大軍が東トルキスタンの地にその民に知れず入ることは、「和平解放」が嘘である証明にも繋がります。

中国共産党は軍の運搬用にソ連側から飛行機と燃料だけではなく、五十万の大軍の一年目の維持費の援助までも受けていました。新疆には進軍した解放軍以外に、解放軍に寝返った旧国民党軍の約十万人の兵士と解放軍に編入された民族軍もいました。

中国国内では、中国共産党政権樹立のための戦争が終わり、数百万の解放軍を今後どのようにするかという問題がありました。このような状況を踏まえて、毛沢東は一九四九年十二月に全軍が経済建設に参加する命令を出しています。

ウイグルへの進駐を託された将軍・王震

一九〇八年湖南省瀏陽で農家に生まれた王震の本名は王余開（また王正林とも呼ばれて

いた）であり、共産党遊撃隊の出身です。彼は毛沢東の一番のお気に入りで、「英雄善戦」の将軍としても知られますが、同時にまた「殺人如麻（大量殺人）」の将軍であり、人を殺めることなどなんとも思わない無慈悲な人物としても有名でした。「王震の名を聞くと泣く子も黙る」と言われたほどです。

王震

王震が率いる共産党軍「三五九旅」は、それまで多くの敵を壊滅させたことで三等紅星奨を与えられ、南泥湾開発において彼の軍が荒地を開墾して窮地を脱した前歴もあります。王震による南泥湾開発は毛沢東に「創造精神がある」「発展経済の先鋒である」と大絶賛されました。

一九四四年、王震は党中央の命令により「三五九旅」を率いて南に下って五嶺山脈を主とした抗日根拠地を作り上げることに成功しました。

こうした理由によって、東トルキスタンに進軍するための絶好の部隊として王震に白羽の矢が立ちました。『王震与新疆』という書によれば、逆に王震のほうが毛沢東に自ら新疆進軍を請願したと記されています。

周麗霞編著の『屯墾戍辺（辺境の守りと開墾）新疆生産建設兵団の組織化と発展』によると、毛沢東の指示と党の命令に従い、当時の二百万人いた軍隊は国防部隊を除き全て生産部隊に回りました。この時期、周恩来が「人民解放軍は駐新疆・守衛新疆に当たり、食糧を他に頼るべからず、自ら生産すべし」と述べたことは有名です。新疆に入った王震の軍の規模については、正確な数字は今も不明です。しかし前掲書には「新疆生産部隊は民族軍と起義部隊（共産党に寝返った国民党軍）を加えて全部で二十万人以上いた」と書かれています。新疆進軍から五年足らずで人民解放軍生産部隊と国防部隊は新疆の各地に順調に駐屯し、生産部隊は農業と経済生産を始め自給自足を可能にしています。

一九四九年十月に第一野戦軍を率いて東トルキスタンの地に入った王震は、それ以前にいた蘭州に「第一兵団新疆研究所」と「第一兵団財政学校」を作り、専門的な知識をもった人物を多数養成しました。「タリム盆地は英国の二倍あり、当時開墾した南泥湾の何百倍もある。農場にして内地に続く緑の回廊を作る」と専門学校の新卒を千人以上募集し、軍と共に新疆に入ったことが前掲書に記されています。毛沢東と王震は軍が東トルキスタンに入った後、どのように定着させるか事前に綿密な計画をつくっていたのです。

王震が進軍後最初に行ったのは、国民党政権下で働いていた農学、水利、紡績、地質、鉄鋼、電気などの専門家を集め、太原、蘭州、瀋陽などからも技術者と熟練職人を多数招致したことです。自ら上海に行き、鉄鋼技師を迎えるようなこともしていました。このようにして新疆生産建設兵団建設に必要な人材を集めました。

一九五〇年の初春、彼は自ら水利土木専門家を連れてマナス河流域約千キロメートルを調査し、農業と経済開発に適した地を確認しました。

「石河子、苏拉沙湾奎屯炮台などの地を観察した。雑草に覆われ、歩くのも困難であったが、王震はその地が水土資源が豊富で開墾に適していることを理解し、その場で第二十二兵団と第九軍二十五師、二十六師の開墾地に決めた」と前掲書に書かれていました。

乾燥地帯とはいえ、年間降水量が二百ミリから四百ミリあり、水利投資さえ行えば農業が可能な地域や、主な河川（第一師がアクス河、第二師がミラン河、第三師がキズリス河、第四、第五師がイリ河）の流域、それに国境線沿いに生産部隊の師団が根を下ろしました。

その背景には、王震の先見の明と、自分で歩いて確かめた行動力がありました。彼は陶峙《とうじ》岳《がく》に「天山は宝の山です。その積雪は尽きることのない大水源、山の下には豊かな大地、正に国家建設）に打ってつけの場所。私たちは石河子を生産、指揮の中心に、そして現代化された都市として作りあげよう」とも言っていました。

王震は一九五〇年にタリム地域に調査部隊を送り、水質、土壌、水利資源などについて調査を行うと同時に、タリム近辺のアクス市についても調査を行い、駐屯後の農業と経済開発のための下準備を整えました。

王震がもう一つ力を入れたことがあります。彼は一九五〇年一月から生産部隊の軍人のために配偶者候補を募集しました。彼らに家庭をもたせることで生産部隊人口の減少を防ごうとしたのです。王震は湖南省の長沙のありとあらゆる媒体に、以下のような広告を出しました。

「女性兵募集中。新疆のロシア語学校進学、トラクター運転手、工場労働者の道も……」

当時、夢のような好条件の募集でした。このウソ戦略が功を奏し、王震は一九五四年十月七日の生産建設兵団の正式設立を迎える前に、生産部隊の人口流失問題を解決しました。

また、部隊の半分を女性にするには、湖南省からの八千人の女性だけでは全然足りないので、王震は北京や上海から何万人もの売春婦を強制的に集めて生産部隊兵士の嫁にしました。中国では「八千人の湖南女性、天山に上る」と言われる出来事です。

その一方、進軍部隊を守るために東トルキスタンの人民と東トルキスタン共和国の本拠地のイリでは全く違うことを言っていたことが、ウイグル人のケヒリマン・ホジャムベルディが書いた歴史書『ウイグル人の政治歴史　１９４９―２０１２』をはじめ多くの資料に残されています。その中でウイグル人の間で最も有名なのは、一九四九年十一月十四日、イリのイッティパク・クラブで開かれた会議における王震の発言です。

「中国解放軍は新疆を発展させた後、主権をあなたたちに戻し、私たちは撤退する。おそらく二、三年後には出て行くだろう」

王震がこのように宣言している裏で解放軍が侵入し、南に向かっていたのですが、東トルキスタン側にはその情報がもたらされていなかったと思われます。

王震は「自分の遺灰を天山山脈に撒いて欲しい。この地を永遠に中国の領土として守る」と遺言を残しました。実際に彼の遺灰が天山に撒かれるのを、筆者は生産建設兵団の宣伝ビデオで見たことがあります。王震は中国共産党に忠誠を尽くし、東トルキスタンの人民には無慈悲だったことで知られています。その反面、戦争においても進軍においても、勝利のために知識人を重用して事前調査や準備を徹底的に行う人物であることがわかりました。「和平解放」の実現と新疆生産建設兵団建設が順調に進んだのは、王震抜きでは考えられません。王震は「人間が歴史を作る」という言葉の意味を、私に反面教師として教えてくれた存在です。

王震を真ん中にブルハン・シェヒディとセイプディン・エズズ（写真 RFA）

「一人の解放軍兵士が殺されたら三人ウイグル人を殺せ」と命令した王震は、ウイグル人から見ると殺人マシンのような人物ですが、中国共産党史においてはもっとも有能な将軍でしょう。

筆者は、ふと『レ・ミゼラブル』のジャベールを思い出しました。ジャベールは上が決めたことを「正義」だと信じ、法を守るために尽力します。またそのことに生き甲斐を感じています。しかし最後は法の正義と人としての正義の板挟みとなり、その信念が崩壊します。しかし王震は、最後に自分の遺灰まで中国共産党と新疆生産建設兵団を守る「正義」のために用いたのです。ジャベールは小説の中の人物ですが、王震は実在の人物です。

王震は東トルキスタンの水と土資源が豊富な地を選び、軍の食糧問題を解決させました。後に東トルキスタンの鉱物資源の開発などに着手し、中国軍による経済活動の先例を作りました共産党による経済の軍事化を彼が初めて成功させたと言えるでしょう。王震は土地と水源、資源がある所に漢民族を入植させて経済活動を行い、それによってまた漢民族の入植を増やす、他人の土地で自分を養って肥やす、国力を高める新疆生産建設兵団というモデルをウイグルで作ったと言えます。王震こそ中国共産党の本質を理解する上で、大いに研究に値する人物です。

王震は、東トルキスタンの地政学的な要点に加えて水と土資源が豊富な土地を駐屯地に選び、軍を配備しました。だが当時、新疆省から中央政府に対し法的に許可を求めた、あるいは相談した形跡がありません。つまり、王震の部隊が先に東トルキスタンの重要拠点を支配下におき、その点と点を結ぶ形で新疆生産建設兵団が設立されました。新疆ウイグル自治区が設立されたのは一年後で、その残りの地域を管轄したのです。新疆生産建設兵団は、始まりから法の手順を踏まない、違法な占拠によって成り立ったものであることが分かります。

中国共産党は今世界中で土地や水源を狙い、アフガニスタンやアフリカ諸国、そして中央アジアで鉱山開発権を取得しています。王震の「知恵と能力の塊」であった生産兵団モデルは、今の中国をさらなる経済的な高みに押し上げると同時に、ウイグルなど古来東トルキスタンに住んできた人々に対しては、史上無かった苦痛、苦難をもたらしました。この世界を生きている人々は、この絶対矛盾を今後凝視し続ける必要があります。中国共産党は、ウイグル人の生命と文化と領土を尊重せねばなりません。これが、二十一世紀の人類の新しい哲学です。地球環境を徹底的に破壊して、人は何を誇れるのでしょうか？

「新疆開発」という言葉があります。いかにも中国共産党が新疆を発展させ、そこに暮らしている人々を豊かにする政策のように聞こえますが、実態は入植した漢民族のためのものので、ウイグルの資源をお金に変え、中国を強大化させるだけの仕組みです。ウイグル人を始めとする東トルキスタンの先住民は、その経済の仕組みから取り残されているのが現状です。

兵団は何故自治区より一年早く設立されたのか

一九四九年九月、王震は中国人民解放軍第一野戦軍第一兵団第二軍、第六軍を率いて新疆に入り、既に述べたようにウイグルの要所要所に軍を進めて駐屯しました。駐屯した場所は、水が豊富な土地や、交通の要所でウイグルを内側から押さえられる地政学的に重要な場所でした。新疆には当時、国民党から共産党に寝返った陶峙岳が率いる国民党軍（後に中国人民解放軍第二十二兵団に再編）と、東トルキスタン共和国民族軍（中国側の記載では「三区民族軍」という名称で、中国人民解放軍第五軍に再編）がありました。

新疆軍区はこの数十万の軍の食糧問題を解決する必要性がありました。当時の新疆軍区に所属する軍は毎月飛行機で人を派遣して中央政府のいる北京から軍食糧を買うために銀を送ってもらっていました。また当時新疆に入った解放軍の食糧は、一部現地のウイグル人らが寄付した食糧も充てられていました。同じ時期に中国の内地での戦争も終わり、共産党は数百万人の解放軍の食糧を解決しなければならない問題に直面していたのです。

一九四九年十二月に毛沢東は「中央人民政府人民革命軍事委員会の一九五〇年代軍隊生

産建設工作に関する指示」の中で、明確に「人民解放軍は国防だけではなく生産のための軍でもあるべきだ」と述べていました。一九五〇年一月、新疆軍区の動員兵力十九万三千人の内、その二割を警備や事務に、八割を農業と工業生産に投入しました。中央政府に必要な穀物の種と生産工具を要請し、同年、八万人が荒野・草原の開墾と食物生産に従事、穀物一億斤、牛羊十万頭を生産、二年後には穀物、野菜等を自給自足できるまでになっただけでなく、余剰生産物を他の地方建設に回すことができました。この当時の生産力拡張が、後の兵団の事業の基礎となったと言われています。

一九五二年二月、毛沢東は軍が生産と建設事業に参入した経験を踏まえ「人民革命軍事委員会命令」を発し、全解放軍に向けて「国防の最前線と生産、建設の最前線に立ち、全国の人民と共同で独立、自由、繁栄、富強の新中国のために継続して努力する」ように呼びかけました。一九五二年十月に新疆軍区は正式に部隊を生産部隊と国防部隊に分け、第二軍、第五軍（元の東トルキスタン民族軍）を生産部隊に編入し、十の農業師と一つの建築工程師（一、二、三団）、独立した車両第二営、第三営を設置しました。これらの生産部隊は、新疆軍区に新たに設立された生産管理部の管轄下に置かれることになりました。

一九五四年十月七日、王震と王恩茂などの提案によって、毛沢東と中央軍事委員会が「中国人民解放軍第一野戦軍第二兵団第二軍、第六軍の四の師、第五軍（元東トルキスタン民族軍）、第二十二兵団（元国民党軍）の全ての土地に根を下ろせ」の命令を発し、新疆軍区生産建設兵団が正式に設立されました。陶峙岳が初代司令官に、王恩茂が初代政治委員になりました。設立当時の人口は十七万五千人、軍人が十万五千人でした。一九五五年三月、新疆人民解放軍の内十万五千五百四十六人が生産建設兵団に転業しました。

一九五六年二月に、国務院が軍事委員会総政治部副主任蕭華《しょうか》の「新疆生産建設兵団と部隊の民族幹部の問題報告」を根拠に、新疆軍区生産建設兵団の復員（軍籍離脱）していない者に対して復員の手続きを取るよう命令しました。これを機に兵団は軍隊の系列から外れ、名称が「新疆軍区生産建設兵団」から「新疆生産建設兵団」に変更され、軍事機関ではなくなりました。そして一九五六年五月二十五日から、国家農墾部と新疆ウイグル自治区からの「二重支配」を受けることになりました。しかし、一九九九年に出された中央十七号文書では、明確に「兵団は準軍事機関である」と記されています。

つまり、王震が軍を率いて新疆に入った一九四九年から兵団設立の一九五四年、そして二年後の一九五六年までの兵団の一連の動きを要約すると、まず軍が地元人民の反発を受けることなくウイグルの地政学的要点と開墾適地に駐屯してウイグルの全地域に広がり、自給自足により軍の食糧問題を解決し、寝返った元「敵軍（旧国民党軍と東トルキスタン民族軍）」を「解放軍」の体制内に置くも、五年足らずで彼らを「軍籍離脱」させ、戦わずして消滅させたのです。それから「自治区」が成立されますが、兵団の「勝利」を可能にしたのは、「和平解放」が成功していたからです。

毛沢東と共産党が恐れた「和平解放を妨げる諸要素」

一九四九年十月十日、中国人民解放軍第一野戦軍は戦わずして新疆に入ることに成功しました。毛沢東は「新疆の複雑な状況」を正しく分析し、「新疆占領」のための軍事作戦と政治作戦を同時に行う綿密な戦略を立てていました。毛沢東の狡知にたけた戦略と状況分析に基づく作戦が功を奏し、新疆は「銃声を一発も聞くことなく」、「和平解放」と名付けた歴史的『大勝利』を得ることができたのです。

「和平解放」は成功しましたが、新疆の複雑な状況はそれから七十年が過ぎた今も全く変わっていません。いや、今の方が複雑さを増していると言えるでしょう。設立当時から現在までの兵団を分析するには、新疆「和平解放」をその前提にする必要があります。

新疆への進軍を「和平解放」に導くために、共産党と毛沢東が解決しなければならない困難な課題はいくつもありました。まず、新疆進軍の経路である甘粛、寧夏、青海の国民党軍で回族の馬歩芳《ばほほう》や馬鴻逵《ばこうき》にどう対処するかという問題です。さらに、当時新疆内には陶峙岳が率いる十万の国民党軍がいました。

新疆の北には東トルキスタン共和国の民族軍約三万人（後にソ連の働きかけで一万七千人に縮小）がいました。東トルキスタン民族軍は人数こそ少ないものの、当時「新疆住民」の九十五パーセントを占めるテュルク系ムスリムのほとんどが彼らの味方であり、後方支援の役割を果たしていたため、負け知らずの軍として有名でした。中国共産党は、当時の国際情勢から「アメリカやイギリス、そして日本が東トルキスタンの独立を支援し、東トルキスタン民族軍と手を結ぶ」可能性が排除できず、そのことも脅威に感じていました。それに共産党が新疆に送り込んだ情報員、国民党軍から寝返った情報員などから、東トルキスタン民族軍とその指導部についての重要な情報が、まだ得られていなかったのです。そして新疆までの道のりは遠く険しく、長時間かかるものであり、それも大きく不利に働く要素であることは明らかでした。

毛沢東は、共産党の進軍によって、東トルキスタン共和国の人民が起ち上がって抵抗を始め、さらに周辺のムスリム国家と手を結び、回族の軍を巻き込むような事態が引き起こされることを、一番に懸念したはずです。

いかにして新疆を「和平解放」に持ち込むかが、勝利の鍵であることを毛沢東は分かっていました。もちろん、不利な要素はありましたが、勝利に導くいくつかの重要なポイントもありました。東トルキスタン共和国民族軍は士気が高く、負け知らずではありましたが、国民党軍との実戦経験しかなく、戦略的に戦闘を行う経験に乏しかったのです。そして、東トルキスタン共和国と民族軍のリーダーたちは、ソ連共産党を信頼していた面が少なからずありました。

それに関して、私は一九三三年建国の「東トルキスタンイスラーム共和国」と一九四四年建国の「東トルキスタン共和国」の名前の違いに注目してきました。国名から「イスラーム」の文字が消えたこと、ムスリムでありながら共産党寄りになったことを、毛沢東が見逃すはずがありません。毛沢東の共産党政権はソ連共産党と同じ「共産党」であり、最大限に協力し合っていました。ソ連共産党の影響を受けている東トルキスタン共和国や民族軍のリーダーらに働きかけ、味方に引き入れることができれば、新疆の「和平解放」も夢ではなくなります。

毛沢東は動きました。彼はまず新疆に十数万人いる国民党軍と接触し、同じ漢民族なのだから漢民族と中国の利益を第一に考えてほしいと水面下で交渉しました。その結果、新疆の国民党軍を中国共産党側に寝返らせることに成功しました。毛沢東は、新疆の国民党軍が新疆の独立を阻止する力になると見込んでいました。国民党軍の司令官は、共産党と戦って双方がダメージを受け、それを機に東トルキスタン側が主権を取り戻すことを懸念し、「国益第一」の観点に立って毛沢東の説得を受け入れました。

次に毛沢東はまたソ連の協力を得て、東トルキスタン民族軍のリーダーたちを「飛行機事故」で消すことに成功しました。そしてその事実を、中国人民解放軍が東トルキスタン各地に駐屯するまで隠し通しました。もちろん東トルキスタン民族軍のリーダーたちがいなくなり、その指揮系統が機能しなくなりましたが、そこでもソ連の協力があり、混乱は抑えられました。「東トルキスタン共和国はソ連の力を借りて成立した」と頻りに強調する人々は、中国共産党こそがソ連の「恩恵」を受けて「和平解放」を成し遂げ、結果的に「新疆ウイグル自治区」がソ連の力で成立した事実を知っていても何故か触れないし、書かないのだから不思議です。

その一方で、毛沢東と中国共産党は、東トルキスタン側に「貴方たちは同じ共産主義者であり、私たちは同志である」と信頼させました。これが東トルキスタンの人民が蹶起することなく、「和平解放」に応じた一つの要因となりました。毛沢東の戦略の内容は、「不利な点を潰していき、有利な点をつなぎ合わせて新疆を和平解放に導いた」ものと結論づけることができます。

東トルキスタン民族軍

東トルキスタン民族軍の土台となったのは、現地のウイグル人をはじめとするテュルク系住民が、国民党を追い出すために起こした武装抵抗運動です。東トルキスタンにおいて、侵略者を追い出す抵抗運動は、この地域が清朝に支配されてから今まで続いていました。国民党政権当時、その暴虐により抵抗運動が一層強まりました。「勇敢な英雄ゲニ」ことウイグル人のゲニ・バトゥル、タタール人のファティク・バトゥル、カザフ人のアクバル・バトゥルらを中心として、イリ地域のウラスタイ山に集まった反国民党の抵抗勢力が、東トルキスタン民族軍の始まりとされています。

軍が「ウイグル軍」ではなく「東トルキスタン民族軍」と命名されたのは、東トルキスタン内で暮らしてきたテュルク系諸民族のカザフ人、ウイグル人、タタール人など多様な民族が、力を合わせて侵略者を追い出してきた歴史に由来します。

一九四四年十月、イリのニルカ県で、武装した国民党軍五十名が徴税の名目で牧畜や農業を営む人々から家畜を奪い、抗議する者には暴力を振るいました。これを知ったゲニ・バトゥルの一団が山を下り、国民党軍と戦って勝利を収めました。国民党軍は武器を捨てて逃走しましたが、報復しにやってくる恐れがあります。民衆の命と財産を守ることを決心した地域の若者五百人が、ゲニ・バトゥルの一団に加わりました。彼らは三つの隊に分かれ、第一隊をカザフ人のアクバル・バトゥルが、第二隊をタタール人のファティク・バトゥルが、第三隊をウイグル人のゲニ・バトゥルが隊長として率いることになりました。国民党軍との戦いに備え、正規軍に準じた編成を行い、軍事訓練も開始しました。東トルキスタン民族軍誕生の瞬間です。

その後、東トルキスタン民族軍は国民党軍と戦いを続けましたが、一度たりとも負けたことがありませんでした。国民党軍はその数も装備も東トルキスタン民族軍と比べ圧倒的に優勢だったにもかかわらず負け続け、十一月三日、遂にイリを捨てウルムチに撤退しました。国民党軍はイリから逃走するときに、ウイグル人ら一般市民二百八十人を惨殺、手足を切断し、眼球をえぐり取って便所に捨てるなどの非道を行いました。この非道行為が、東トルキスタンの民衆の蜂起につながったのです。

東トルキスタン共和国は一九四四年十一月十二日に建国、そして一九四五年四月八日、東トルキスタン民族軍は正式に東トルキスタン共和国の正規軍となりました。

ソ連の軍事顧問の下で訓練を重ね、東トルキスタン全土から侵略者を追い出して主権と独立を取り戻す軍事計画を立て、ウルムチに進軍を開始しました。東トルキスタン民族軍は、勝利を収めた地域で民衆の歓迎と支援を得て「恐れを知らない、負けを知らない」軍隊に成長していきました。

ワシントンに住むウイグル人歴史学者のネビジャン・トルソンは東トルキスタン民族軍について、「東トルキスタンの各民族の若い男女が、東トルキスタンの主権と自由を取り戻すために軍に志願した。士気は極めて高く、女性たちも活躍した。ウイグルの象徴とされるウイグルブルーの上に、ムスリムの象徴である星と月を描いた〝青空星月旗〟を靡《なび》かせながら行進する我が軍の姿を見た東トルキスタンの民衆は、兵士に対して我が子のように接していた」とその著書『ウイグル通史』に記しています。

東トルキスタンの北の三つの地域を拠点にウルムチに向かって進軍した東トルキスタン民族軍は、一九四六年二月にウルムチの目と鼻の先にあるマナス河岸に到着、そこで進軍を停止し、ウルムチ攻略の命令を待ちました。しかし、東トルキスタン共和国と民族軍のリーダーらはソ連の圧力を受け、軍はマナス河岸で三年ほども足止めされたのです。

東トルキスタン民族軍の運命は

東トルキスタン民族軍は、ウルムチまでわずか百五十キロメートルのマナス河岸で停戦命令が下されました。その理由を以下に記します。

一九四六年に蔣介石は、ソ連が出した「外モンゴルの独立を承認、大連港・旅順港の租借、中国の北部地域においてソ連の鉄道事業開発に協力し便宜を図る」などの条件に同意しました。その見返りは「ソ連は東トルキスタン共和国とその軍を支援しない」というものでした。ソ連は直ちに東トルキスタン共和国と軍に対し、「停戦し、国民党側と対話するよう」要求しました。

東トルキスタン共和国のリーダーの多くは、モスクワに留学し、ソ連共産主義を信奉する青春時代を過ごしていました。彼らはスターリンとソ連、そして何よりも共産主義に理想を見出していました。蔣介石は「十八歳まで共産主義を信じる者は唯の浪漫主義者、二十五歳でまだ共産主義を信じていたらそれは唯の愚か者、二十五歳を過ぎてまだ共産主義を信じる者は救いようがない」という有名な言葉を残していますが、東トルキスタンのリーダーたちは、彼らの理想とする共産主義の国家、指導者であるソ連、スターリンが東トルキスタンを導いてくれる、裏切るはずがないと考えていたようです。

当時ウルムチには国民党軍の主力三千、マナス河岸には東トルキスタン民族軍一万がいました。渡河して戦えば「新疆省の首府」ウルムチが落ちるのは確実でした。しかし、東トルキスタン共和国のリーダーらはソ連側の要求に応じ、ウルムチ攻略と勝利を放棄したのです。

一九四六年四月、国民党と東トルキスタン共和国の間で平和協定が結ばれ、連合政府の設立に至りました。しかし、一九四七年に東トルキスタン共和国と中国共産党は共産主義者同士として密かに関係を結び、国民党を追い出すべく連帯しました。毛沢東はソ連を仲介役とし、「共通の敵である国民党軍」と戦う正義の共産主義の同志として、東トルキスタン共和国と連盟することに成功しました。その一方で国民党軍とも水面化で交渉を続け、「判断を誤れば東トルキスタンでの漢族の支配が失われ、中華民族の裏切り者になる」と呼びかけ、共産党側につくように説得しました。

一九四九年十一月十四日、イリ中央クラブの会議で王震は「私たちは新疆に一時滞在しているだけです。中国共産党人民解放軍はムスリムを国民党の暴虐から救うために来ました。社会に秩序が戻りましたら、私たちは、あなたがたの土地から去ります」と宣言しました。この演説内容は現在も残されています（66ページ参照）。

中国共産党が東トルキスタン民族軍との直接対決を避けたことが、後の「新疆和平解放」に繋がったことは言うまでもありません。

一九四九年十二月二十日、中国共産党は東トルキスタン民族軍を「第五軍」として中国人民解放軍に正式に編入しました。その司令官にはレスキン（白系ロシア人）、政治委員には頓星雲が任命されましたが、その司令部にはウイグル人を始めとする東トルキスタンの他の民族はいませんでした。毛沢東は東トルキスタン軍の実力を見誤らず、「戦わずして勝つ」戦略を選びました。今後の中国共産党を研究する上で、そして「毛沢東の戦略的狡猾さ」を知る上で、重要なものとなるでしょう。

これらの嘘と陰謀に満ちた戦略は時間と共に明らかになっていきましたが、それを知った東トルキスタン人民の屈辱と反発、そして不信の念は今後も消えることはありません。

第三章　毛沢東の「和平解放」

毛沢東の戦略

新疆生産建設兵団は、嘘と欺瞞と陰謀に満ちた「和平解放」が生み出した「鬼っ子」であったことを明らかにするために、ウイグル人側から毛沢東の「新疆和平解放」戦略をまとめてみます。先述のように、毛沢東が最も恐れていたのは、馬歩芳と馬鴻逵の軍が新疆に入り、同じムスリムである東トルキスタン軍や、同じ国民党の陶峙岳の軍と合流することでした。

毛沢東と共産党本部は内外の情報員から、アメリカとイギリスなどの帝国主義勢力が馬家の国民党軍閥を新疆に後退させ、イスラーム王国を作って共産党と対峙させる計画がある、との情報を掴んでいました。実現すれば新疆の状況は複雑化し、国際的に大きな問題に発展してしまう危険性がありました。一方、東トルキスタン民族軍は既に新疆の国民党軍の一部を包囲していました。これは毛沢東率いる解放軍の新疆進軍にとって、有利な側面でした。

この状況を踏まえ、毛沢東は新疆進軍の時期を前倒しして早めに実行することを決めました。その結果、西北における解放軍の戦いで度重なる勝利を収め、毛沢東の戦略に有利な前提を作ることができたのです。

一九四九年八月四日、毛沢東は彭徳懐に電報で「八月の下旬、九月の上旬に蘭州を占領する可能性が出てきた。その時期に新疆に入る」と指示しました。電報が届いた日に彭徳懐は青海省の馬歩芳を攻撃し、消滅させる命令を出しました。八月二十三日に毛沢東は再び彭徳懐に電報を送り、蘭州から青海、新疆に通じる道を封鎖させました。この電報で毛沢東は「馬歩芳が新疆に後退して厄介な問題を起こさないよう、先に新疆に通じる道を封鎖せよ」と強く命令していました。

八月二十五日に人民解放軍が蘭州を攻撃し、馬歩芳の主力を撃ち破りました。青海省に進攻した王震の部隊が九月五日に西寧を占領しました。馬歩芳の軍は蘭州と西寧で大打撃を蒙りました。続いて人民解放軍第十九団が寧夏で馬鴻逵の国民党軍と戦い、九月二十三日に勝利を収めました。こうして馬鴻逵の軍も敗走しました。西北地区における最大の障害が取り除かれ、新疆進軍への道が開かれたのです。

毛沢東は、新疆への和平進軍のもう一つの決め手が、新疆の国民党軍を共産党に寝返らせることであることを理解していました。その鍵を握っていたのが、国民党の新疆警備総司令陶峙岳でした。陶峙岳は張治中（国民党政府軍事委員会委員長西北行営主任）の部下として働いていた時期があり、張治中を尊敬していました。陶峙岳は、新疆の複雑な状況下で自分が間違った判断を下すと「中華民族の永遠の裏切り者になる」可能性があることを恐れていました。当時、新疆の国民党軍の中に「和平（中国共産党に寝返る）」か「戦う（国民党軍として最後まで共産党軍と戦う）」かについて、議論と対立が生じていました。このことを知った毛沢東は、新疆を「和平解放」に持ち込める可能性を見出しました。

一九四九年九月八日、毛沢東は張治中と会い、「新疆の軍と行政機関に、和平と真理の道に還るよう電報で伝えてください。彼らは必ずあなたの言う通り実行に移すでしょう」と伝えました。毛沢東の求めに応じた張治中は九月十日、陶峙岳に「明確な態度を早く示し、正式に宣言すべきだ。毛沢東は必ず満足いく処遇をする」と電報を打ちました。

もちろん、毛沢東と陶峙岳の間のやり取りは、東トルキスタン側に知らされることはありませんでした。九月十七日と十八日に、陶峙岳は毛沢東に「貴殿の希望に添うよう新疆の和平解放に尽力する」と返電しています。九月二十五日に陶峙岳が毛沢東に「本日、広州政府との関係を絶つ。毛沢東の和平声明と国内和平協定を受け入れる。我が軍は防衛と秩序維持の任を継続する。今後は人民革命軍軍事委員会と人民解放軍総部の指示に従う」と電報で正式に宣言、九月二十六日、新疆政府委員は緊急会議を開き、国民党政府と関係を断つ決定を下しました。

「和平解放」は共産党と国民党の間でこのように決定され、実行されましたが、東トルキスタン共和国や東トルキスタン民族軍には何も知らされていませんでした。

東トルキスタン共和国の「民主革命党」

一九四六年十二月、東トルキスタン共和国のリーダーの一人、アブドケリム・アッバソフが南京で開かれた国民党大会に出席しました。その期間中、中国共産党が彼と極秘で接触しました。十二月五日、アブドケリム・アッバソフは南京の中国共産党事務所で董必武《とうひつぶ》と会ったことが、記録（厲声編『中国新疆歴史与現状』）に残されています。

すでに述べたように、東トルキスタン共和国のリーダーたちは共産党の理念を信奉していたため、中国共産党に対する警戒心はありませんでした。こうして東トルキスタン共和国と中国共産党が直接繋がったのです。アブドケリム・アッバソフは、この時中国共産党の要望で、通信機係および連絡係の彭長貴と共に東トルキスタンに戻っています。

一九四七年二月三日、アブドケリム・アッバソフはウルムチで秘密結社「東トルキスタン人民革命党」を立ち上げました。東トルキスタン共和国のもう一人のリーダーであるセイプディン・エズズが組織部長になり、カシュガル地区における選挙と東トルキスタン人民革命党南新疆分局の開設を担当しました。東トルキスタン人民革命党の主な仕事は、国民党軍の行った破壊活動を調査して明らかにするとともに、国民党とは違う共産党の真理と正義、そして人民解放軍を宣伝することでした。

東トルキスタン人民革命党には、知識人と若い人々が大勢集まりました。しかし東トルキスタン人民革命党を組織した人々は、結果的に自らも意図しない形で民衆に対し中国共産党の宣伝をしてしまったことになります。その直接的な原因は、一九四七年二月の東トルキスタン人民革命党の設立と同時に、中国共産党のウルムチにある地下組織が東トルキスタンにおいて共産主義者同盟を呼びかけ、その後、東トルキスタン人民革命党と合併して「民主革命党」を作ってしまったからです。中国共産党は東トルキスタン人民革命党を通して、東トルキスタンの人民に「中国共産党は国民党と違う」、中国共産党とソ連は「共産主義」という共通の思想をもつ東トルキスタン共和国の同志だ、という意識を植え付けることに成功しました。

東トルキスタンの人民が共産党軍が侵入した時に立ち上がらなかったのは、共産主義の理想と夢を見せられて、その現実が見えなかったことにあると言われていますが、毛沢東はそのような宣伝を上手に駆使していたのです。

中国共産党は、東トルキスタン共和国のリーダーが作った組織に、中国共産党の宣伝をさせることができました。当時のウイグル人は「中国共産党」と「共産主義」の違いが解らないほど、共産主義の理想と夢に興奮していたのです。

鄧力群の新疆における「巧みな外交と情報戦術」

一九四九年十月二十三日、毛沢東は彭徳懐に以下の内容で電報を打っています。

「東トルキスタン民族軍は高度に訓練されたウイグル人の軍隊である。民族軍は新疆の十数万の国民党叛逆軍を制御した。中国革命のために大きな役割を果たしてくれた」

毛沢東が「和平解放」において、東トルキスタン共和国と民族軍を戦略的にどのように利用したのか、その計画の一端が窺える内容です。この計画のために毛沢東は一九四九年八月に、連絡員として鄧力群を通信機器や他の三名（服務員、電報翻訳員、機械管理員と称して）と共に新疆に送りました。鄧力群は指示通り、東トルキスタン共和国指導部のあるイリに入り、指導部トップと直接やり取りできる体制を作りました。鄧力群がモスクワ経由でイリに入った三日後、毛沢東は、東トルキスタン共和国リーダーらを北京で開かれる政治協商の会議に招待する電報を送っています。このことから、毛沢東は鄧力群を直接指揮していたことがわかります。東トルキスタン共和国リーダーのアフメットジャン・カスミーらが鄧力群から電報の内容を伝えられた時に、重要な内容なので毛沢東からの公式文書を鄧力群に要求しました。この招請文（一部が後に改竄されたと言われている）は今も残っています。

「飛行機事故」の後、事故死したリーダーらの代わりに、セイプディン・エズズ一人が北京に向かい、毛沢東と会うことになります。そのための連絡も鄧力群が全て行っていました。鄧力群は「自ら得た東トルキスタン共和国の政治、経済、軍事、文化の状況やリーダーらの情報を、他のルートからの情報と合わせて、毛沢東に正確に伝えた」ことが称賛され、歴史に名を残しました。鄧力群は、「連絡員」を遙かに超える役目をこなしていたことが窺える評価でもあります。

ソ連を味方につけ、その力を最大限に利用する

毛沢東は、激戦を続けてきた解放軍にとって、遠くて険しい新疆までの行軍はかなりの負担であることを知っていました。そのため、彼はしばらく解放軍に休養を取らせました。そして新疆の厳しい寒さに必要な暖かい服や靴、そして移動に必要な車などを手配させせま

した。しかし、人民解放軍の輸送能力は非常に貧弱だったので、ソ連に頼ることを決めました。ソ連の輸送システムを利用することで、新疆進軍を迅速に行うことができたのです。

任務は急を要するため、輸送は非常に重要でした。そのために毛沢東は、自らソ連との協議に乗り出しました。その結果、ソ連側は甘粛省、山西省などから解放軍の兵士を新疆まで空輸することに同意しました。具体的には、ソ連は輸送機四十機で、解放軍の司令部や一部部隊を運ぶことになったのです。

九月十二日、毛沢東は彭徳懐に電報でこの情報を伝えています。さらに軍の歩兵部隊や砲兵部隊などの主戦力が徒歩および車両による移動を行い、ウルムチの占領においては最初にウルムチ空港を押さえるよう指示しました。そしてその後で、ソ連の輸送機がウルムチ空港に降りるよう計画しました。

彭徳懐は予定の期日までに新疆進軍を終えるには、四千の車両が必要であると主張しましたが、毛沢東は「不可能なことを要求しても始まらない。所有する車両および蘭州、西寧で鹵獲した国民党軍の車両を集め、時間を最大限に短縮せよ」と指示を出しました。毛沢東の指示内容から、新疆進軍を短期間内に実行することが作戦の鍵であったことが分かります。

第四章　運命を変えた「飛行機事故」

東トルキスタン共和国リーダーたちの「飛行機事故」

東トルキスタン共和国のリーダーたちは、一九四九年八月二十二日の夜に車でイリを出発しました。彼らはコルガス国境を通ってソ連領カザフスタンのアルマトイに二十三日に到着、アルマトイのパンフィローフ街道とカリニニ街道の角にある高級ホテルに滞在したと言われています。二十四日にソ連側の代表とそのホテルで十時から二十二時まで激しく討論したことが、通訳を務めたハキム・ジャッパルの『血に飢えたものたち』に記されています。二十六日にアルマトイからモスクワ（北京ではなくモスクワと書かれている）に飛んだとされていますが、それきり消息を絶ちました。

中国共産党は「一九四九年八月二十七日、彼らの乗る飛行機は北京に向かう途中、イルクーツク近くのバイカル湖付近に墜落、全員死亡」と正式に発表しています（厲声編『中国新疆歴史与現状』より）。しかしその発表の前後、共産党内部やソ連側からの情報では、その日付が「八月二十二日」、「九月」などと錯綜していました。

また、この「事故」については、徹底した情報の隠蔽が行われました。遺族に事故死の連絡が届いたのは、「和平解放」が終わった後、つまり事故が起きてから二カ月以上たった十月三十日であり、遺族の元に遺体が帰ったのは、一九五〇年の春だったのです。

毛沢東とスターリンは「飛行機事故によって死亡」した東トルキスタン共和国リーダー達を烈士として称えたものの、死亡状況についての詳しい報告書を公表しませんでした。そして、それは未だ公表されていないのです。

後で紹介しますが、「飛行機事故」による落下の衝撃にもかかわらず、荷物の中の腕時計は正常に動いていたという情報もあり、東トルキスタンの人民は誰一人としてこの「事故死」に納得していません。

しかし、ソ連崩壊後に独立した中央アジアの国々において、当時の状況を知っている人々が口を開きました。また、今のブリヤート共和国において、一九四九年八月二十五日に墜落した「ＩＬ―12」の調査報告書があることを、ラジオ・フリー・アジアが詳しく伝えたのです。

二〇〇五年、ロシアのドミトリー・エルツォフ、アレクサンドル・フェティソフらが、ソ連またはロシア領内における飛行機事故、事件及び飛行機墜落の報告書をまとめたウェブサイト（http://www.airdisaster.ru）を公開しました。

東トルキスタン共和国リーダーらが乗ったとされる一九四九年八月二十五日にブリヤート共和国に落ちた飛行機の調査報告書を、日本語に翻訳して掲載します。そして公式発表の墜落の日付や場所についての矛盾、遺体を見た人たちはどのように受け止めたか、民衆は何故この飛行機事故を不審に思い、東トルキスタンのリーダーたちは「毛沢東とスターリンの陰謀によって消された」と思っているのか、なぜ「アフメットジャン・カスミーは私たち東トルキスタンの人民の最後のリーダー」と語り継がれているのか、など一連の問題について、今ある資料に基づいて客観的に論じてみましょう。

リーダーたちはなぜ「北京」に向かったのか？

まず事件の経緯を時系列でみてみましょう。

一九四九年八月十五日、中国共産党の連絡員だった鄧力群は、東トルキスタン共和国の中心部に潜入するために、モスクワ経由でイリに入りました。イリに入る前、彼はモスクワでどのような行動をとっていたかについてはまったくわかっていません。ウイグル側のハキム・ジャッパルやケヒリマン・ホジャムベルディなどが書いた資料によれば、東トルキスタン共和国の本部が彼を受け入れたのは、ソ連側の要人達の強い要求によるものだったことが窺えます。

八月九日にモスクワを離れた鄧力群は、八月十三日にアルマトイに到着します。彼を迎えたソ連の副領事とアルマトイで一晩過ごし、翌八月十四日に車でイリに向かい、八月十四日から十五日に日付が変わった深夜にイリに到着しました。鄧力群のこの旅は極秘だったので、彼がイリに入ることを東トルキスタン共和国側は全く知りませんでした。その時、東トルキスタン側はイリ近くのケンサイで会議を開いていたことが、マヒヌル・カスミーの著書『アフメット先生を偲ぶ』に記されていました。つまり、鄧力群がイリに入ることは、北京とモスクワの間だけで決められていたことが分かります。

不思議なことに、イリに入った鄧力群の八月十五日の滞在先は、東トルキスタン共和国民族軍の総指揮官イスハクベク・ムノヌフの家でした。この時ムノヌフとその家族は、会議と休暇のために他の東トルキスタン共和国のリーダーたちとケンサイにいましたが、十五日の朝にケンサイにこの件を知らせに来た秘書を通じて知ります。鄧力群は十五日と十六日は東トルキスタン共和国リーダーたちに会えなかったことは、『新疆和平解放』に記された、鄧力群がその両日中央に打った電報で分かります。また後にその電報の内容は「鄧力群が到着した時、三区革命のリーダー達はとても喜んでいた」との共産党の嘘を、鄧力群自らの電報によって否定した証拠ともなっています。

初めて東トルキスタン側が鄧力群と話したのは八月十七日で、アブドケリム・アッバソフの通訳で鄧力群はイリに来た目的を報告し、毛沢東が東トルキスタン側を北京に招待したことを口頭で伝えました。東トルキスタン側が正式な文書を求めたため、鄧力群は八月十八日に毛沢東に送ってもらい、八月十九日に東トルキスタン側にその文書を渡しました。

中國共產黨中央委員會

新疆伊寧特別區人民政府
阿合買提江先生：

毛沢東からの招待状

上の写真はマヒヌル・カスミーの著書で確認できます。

毛沢東の招請文書には、「新疆」ではなくはっきりと「イリ特別区人民政府」と書かれてあり、東トルキスタン側は喜んでいたとされています。しかし「これらの文書」が当時の原本なのか、あるいは後に手を加えられて公開されたものなのか」はわかりません。もちろん、この時期には「三区」という言葉は存在しなかったので、その言葉が登場しない電報や文書は正しいような印象を与えます。その後、八月十八日から八月二十二日までの間、東トルキスタン側は鄧力群の電報を通じて中央政府と話し合ったとされますが、この五日間の話し合いの内容や記録、そしてその当時の電報は未だに何一つ公表されていません。また、毛沢東に会議出席の旨を伝えるアフメットジャン・カスミーの手紙（彼の妻マヒヌル・カスミーによって『アフメット先生を偲ぶ』に掲載された）には、幾つもの訂正された文字（左上写真参考）があることから、疑念を持たれていました。

ウイグルの歴史学者のネビジャン・トルソンは、『ウイグル通史　十一巻　スターリンと毛の団結：アフメットジャン死後の大占領』において、これらの手紙を詳しく分析しています。

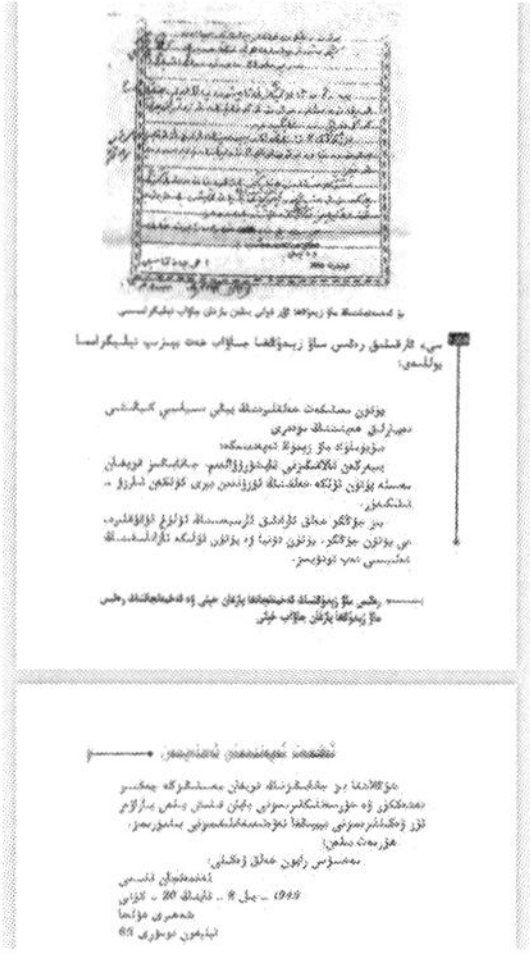

アフメットジャンからの返信

仮にこの手紙をアフメットジャン・カスミーが書いたと想定しても、二重線が引いて訂正した手紙をそのまま毛沢東に送るだろうか。これは外交上失礼にあたる。歴史的文書として残されることを彼は知っていただろうし、清書し直さないでこのまま送るとは考えにくい。

この手紙のやり取りで興味深い点はアフメットジャン・カスミーが北京に代表を送ることに同意したと書いてあるもので、何のための「代表」であったかもはっきりしません。また公式資料も公開されていませんが、北京に行く代表団の中に最初はアフメットジャン・カスミーが入っておらず、後にソ連の仲介によりセイプディン・エズズの代わりにアフメットジャン・カスミーが北京に行く形になったことが、前記マヒヌル・カスミーの著書に記されています。

最終的な代表団は、アフメットジャン・カスミー（団長、ウイグル人、三十五歳）、イスハクベク・ムノヌフ将軍（キルギス人、四十二歳）、アブドケリム・アッバソフ（ウイグル人、二十八歳）、デリルカン・スグルバエフ（カザフ人、四十歳）、ゲニ・ケリモフ（将校、イスハクベクの秘書、ウイグル人、三十四歳）、アブドレシト・イミノフ（記者、中国語通訳、ウイグル人、三十五歳）、オスマンジャン・ナスロフ（アフメットジャン・カスミーのSP、十九歳、アフメットジャン・カスミーの妻マヒヌル・カスミーの甥）と、中国共産党の要求でウルムチから派遣された漢族の羅志（三十八歳）が同伴することになります。

二十二日の夕方、イリのバヤンダイにある東トルキスタン共和国軍士官学校で送別会が行われ、彼らは送別会終了後、車で出発、バヤンダイからコルガスを経てアルマトイに出発します。この間の記録や公式資料は一切公表されていません。なぜ彼らがイリから直接ソ連経由の飛行機で北京に向かわなかったのか、なぜ九月二十一日に開かれる政治協商会議に出席するのに、八月二十二日に出発したのかは謎です。

デリルカン・スグルバエフ

アフメットジャン・カスミー

アブドケリム・アッバソフ

イサハクベク・ムノヌフ

以下、毛沢東からの招請文

書を訳したものを掲載します（98ページ写真参照）。

新疆伊寧特別区人民政府

アフメットジャン・カスミー先生

我が国は帝国主義、封建主義、官僚資本主義、そして蔣介石率いる国民党反動統治に立ち向かった人民解放戦争に、近い将来全中国において勝利します。全国の民主党派、人民組織、人民解放軍の野戦軍、解放区、国内の少数民族及び国外の華僑を含む新たな全国政治協商会議は、入念な準備を行い、九月に北平にて総会を開催する運びとなりました。この度の総会において、全国政治協商会議の組織法が作られ、全国委員会が選出されます。また、中華人民共和国中央政府の組織法を作ります。また中央人民政府は委員を選出します。あなた方の多年に亘る革命は全中国人民の民主革命運動の一部であります。西北における人民解放戦争の勝利に伴い、新疆の全解放が目の前に迫っています。あなた方の革命は、近い将来最後の勝利を収めるでしょう。私たちはあなた方の代表として五人を全国政治協商会議に招待致します。同意される場合、九月上旬に北平までお越しください。電報が届きましたら返事を下さることを切望します。

新全国政治協商会議準備会主任

毛沢東

一九四九年八月十八日　北平

この毛沢東の招待に対する、一九四九年八月二十日付アフメットジャン・カスミーの返信は次の通りです（99ページ写真参照）。

全国人民新政治協商会議準備会主任　親愛なる毛沢東先生

お便り拝受しました。貴殿が提起した問題は全省の民が長らく待ち望んだ希望であり、願望であります。私たちは中国人民解放軍の偉大なる成功を、全世界、全省解放の勝利と認めます。貴殿が提起した問題は私たちにとってこの上ない喜びであり、心から感謝申し上げるとともに、私たちの代表五人が北平での会議に出席することをお伝えします。

敬具

特別区人民政府書記　代表　アフメットジャン・カスミー

一九四九年八月二十日

伊寧市　電話番号

今中国で出ている書籍では、この手紙の中国訳に「新疆」という言葉が加えられていますが、ウイグル語の原稿に新疆という言葉はありません。また、毛沢東の長い招待状に関して、返信は礼を尽くしていますが、非常に短く、本題は毛沢東の「提起した問題」に感謝して代表五人を派遣すると書いてあるのに留まります。何のために北平に代表を送るのかは書かれていません。繰り返しになりますが、当時の公式資料は何一つ公開されてないため、この二つの手紙が本物かどうかはさらなる検証が必要です。

マヒヌル・カスミーは著書にこう書いています。

二重線で訂正された人民代表という言葉は、どれだけ意味深い言葉であろう。

一九四九年八月二十二日に夫は、限られた人しか知らない状況で出発した。

また秘密保持のために、当時の〝ALGHA（前進）〟新聞に、アフメットジャン・カスミー一行はアルタイに調査に行ったという記事が書かれたことも述べ、さらにこのように書いています。

同じ八月二十二日、毛沢東は彭徳懐に電報を打ち、新疆進軍を命じた。

アフメットジャン・カスミーたちのアルマトイにおける足取りと行先

アフメットジャン・カスミーたちが一九四九年八月二十三日にアルマトイに到着してからの足取りについても、中国およびソ連側からの公式資料は一切発表されていません。東トルキスタン革命の参加者の一人だったアスム・パーキは、アフメットジャン・カスミーたちとアルマトイで会った人々やソ連側との通訳を務めたハキム・ジャッパル医師の記憶を記録としてまとめました。彼は『Yengi Hayat Geziti（新たな生き方新聞）』に掲載された記事「Pinhan tutulghan Qatilliq（秘密裏に実行された殺人）」でハキム・ジャッパル医師の証言を紹介しています。

一九四九年八月二十四日の早朝、フロンゼ（今のビシュケク）の自宅にソ連の軍人二名が訪ねてきた。アルマトイまで来てほしい、車が待っている、と言い、私を連れていった。彼らは私に詳しいことを全く教えてくれなかった。アルマトイに着くと、立派な建物の二階に連れていかれた。部屋に入るとアフメットジャンやイスハクベク、デリルカン達が右側に、アブドケリム・アッバソフや中国人が左側に座っていた。ドアから入ったところにアブドレシト・イミノフとゲニ・ケリモフが座っていた。それ以外にも左側に私が全く知らない人々がいた。場を仕切っていたロシア人が私に、あなたは彼らをよく知っているだろう、幾つかの問題について話し合うので通訳を頼む、と言った。朝の十時から始まったこの話し合いは、夜の十時まで続いた。ソ連側はアフメットジャン・カスミーに、北京ではどのようなことを発言するのか、と質問した。アフメットジャンたちは、私たちは社会主義国家としての独立が話し合いの前提条件であると主張する、マルクスやレーニンは民族自決権を認めており、中国共産党は私たちの要求を受け入れると信じている、もし中国側が私たちの要求を拒否するのであれば、私たちは北京に行く必要はない、とはっきりと答えた。イスハクベクとデリルカンも同じ意見だったが、アブドケリム・アッバソフだけは、中国共産党の言い分も聞いたほうがよいと述べた。ソ連側は反発し感情を顕わにしたが、東トルキスタン側は全く動じなかった。

ソ連側は、この状況をモスクワに報告、一九四九年八月二十六日にモスクワの代表が彼らを連れて、飛行機でモスクワに飛んだ、と記しています。

ハキム・ジャッパルによると、「アフメットジャン・カスミーたちは一九四九年八月二十六日にモスクワに連れていかれ、八月二十七日にモスクワのロビヤニスキー監獄で殺された」とのことです。

ソ連は中国（中華民国）と一九四五年八月十三日に「中ソ友好同盟条約」をモスクワで締結していますが、その主な内容の一つに「中国政府は外モンゴルの独立国家としての主権を認める。代わりにソ連政府は新疆の問題を中国の内政として認め、干渉しない」とあります。そのため、アフメットジャン・カスミーたちの死を、中国共産党とソ連の陰謀による暗殺とする見方が未だに根強いのです。

中国共産党による事故日時の修正

「飛行機事故」にまつわる中国共産党の公式資料は極秘扱いで全く出てきませんが、一部公表されたものを、人々は信じていません。明らかな矛盾があるからです。中国共産党が伝えた事故の日付は三種類あります。また事故が起きた場所についても当初から曖昧にしか伝えていません。

中国共産党が「飛行機事故の日」を最初は「八月二十二日」と伝え、その後「八月二十七日」

と修正、最後には毛沢東とスターリンが「九月に起きた」と書いていました。

「飛行機事故」を最初に伝えられたのは、国民党新疆省トップのブルハン・シェヒディでした。一九四九年八月二十八日、彼はウルムチのソ連領事館に呼ばれ、「モスクワから電報が届いた。八月二十二日、アフメットジャン・カスミーたちが乗った飛行機が墜落し、全員亡くなった」と伝えられた、と著書『新疆五十年』に書いています。一九四九年十一月一日、彼はウルムチの南門にあるウイグル文化促進会において、各モスクの宗教指導者や各界の代表者千人余りの人々に、アフメットジャン・カスミー一行の死亡事故を以下のように伝えていました。

「今日皆様に、私たちのリーダー達が早逝されたことをお伝えしなければなりません。アフメットジャン・カスミー一行は八月二十二日、飛行機で北京に行く途中事故に遭い、殉死しました」

その後中国共産党が事故の日付を「八月二十七日」に訂正しましたが、彼は「八月二十二日」の日付をその後も変えていません。また一九八三年に出版された『新疆五十年』でも、日付を共産党が後に訂正した二十七日に訂正せずに「八月二十二日」と書いています。

ここでもう一つ注目したいのは「八月二十二日、飛行機で」と彼が述べていることです。八月二十二日の晩、アフメットジャン・カスミーたちは車でアルマトイに向かって出発しており、イリから飛行機で直接北京に向かったわけではありません。中国共産党とソ連政府は、最初このような不正確な情報を流していることが確認されますが、その目的は定かではありません。

ソ連領事館で「八月二十二日に亡くなった」と告げられたもう一人の人物は、セイプディン・エズズです。彼は「飛行機事故で亡くなった」とされるアフメットジャン・カスミー一行の代わりに、九月九日、イリから北京に飛行機で飛び立ちます。セイプディン・エズズが機内で同行のウイグル人に話した内容が、ゴジ・アフメット・アバラヤフ「一九四九年私は天安門楼で建国記念行事に参加した」(『新疆文史資料选辑　内部資料』第五十巻)に書かれていました。

セイプディン・エズズ先生は、悲しみの表情で窓の外を眺めていた。私はどうしたのかと尋ねると、先生は頭を振り、「私たちのリーダー、アフメットジャン・カスミーが亡くなった。毛沢東が私たちのリーダーたちを第一回の全国政治協商会議に招待したのだが、アフメットジャン・カスミー、イスハクベク、アブドケリム・アッバソフ、デリルカン・スグルバエフ、中国人の羅志の七名の同志が飛行機事故で八月二十二日に亡くなったのだ。事故の後、中国共産党中央委員会が新たに私たち三人を会議に参加するよう要請したのである」と話した。

これがいつの間にか中国共産党により「八月二十七日に墜落し、全員亡くなった」と修正されて公式文書に残され、家族にもそのように伝えられたのです。

中国共産党が発表した「飛行機事故」の日付とされるものが、実はもう一つ存在します。毛沢東は一九四九年十月二十二日、東トルキスタン人民に発表するために電報を送っていますが、そこでは「九月に起きた飛行機事故により不幸に見舞われた」と書かれていました。日にちは記されていません。

ところが最近、墜落事故の日付に「全く触れていない」スターリンからの電報が、ウイルソン・センターの資料に存在することが明らかになりました。以下の内容です。

毛沢東同志へ　悲しいお知らせがあります。数日前、北京での政治協商会議に参加するためにグルジャから飛んだ新疆民主組織の代表がイルクーツク地区で悪天候に遭遇し、事故が発生しました。その事故で乗員乗客が全員亡くなりました。

この電報には、飛行機がグルジャ（イリ）から飛んだと書いていること、代表らの名前や人数そして事故が起きた日付などが全く書かれていない、など不可解な点があります。

「飛行機事故」についての新たな証言

東トルキスタン共和国及びそのリーダーたちの「飛行機事故」に関する資料についても、そのほとんどがロシアと中国では未だに極秘扱いであり、閲覧が許されていません。「毛沢東の招待を受けた」アフメットジャン・カスミーをはじめとする東トルキスタンのリーダーらとソ連側の飛行機乗務員「十七名」が、一九四九年八月二十七日、北京に向かって飛び、事故により亡くなった」以上のことは今まで明かされていません。中国国内のウイグル人の歴史家らは、中国共産党の政治弾圧を恐れ、この問題について触れることができないのです。

ソ連崩壊後、この問題について最初に口を開いたのは、中央アジア諸国に住む、東トルキスタン民族軍に参加したアフメットジャンの側近ら、東トルキスタン共和国内にいた人々でした。事件当時、ソ連公使館側と東トルキスタン共和国側の公式通訳を務めた人物も、一連の出来事に関して重要な証言を残していました。

それ以外にも飛行機が落ちたとされるブリヤート共和国の研究者らも、事故の解明に取り組んでいました。

二〇一八年七月十六日、ブリヤートのロシア語新聞「ブリヤートの真実」に、ジャーナリストのブタジャップ・ラドナエフが書いた「ウイグルの飛行機が墜ちた謎」という記事が掲載されました。

一九四九年八月二十五日、ブリヤート共和国カバニスキ市近くの、カバン山ハマル・

ダバン峰付近に墜落したとされる飛行機について、二〇一三年に調査団を組んで調査を実施した。調査報告書を発表してすぐ、新聞社に一九八四年に飛行機の残骸らしきものを見たとの証言が寄せられた。墜落当時の最初の発見者はブリヤート人の猟師二人であったことも確認できた。今後継続して調査し、他の情報を集める必要がある。

ここで注意すべき点があります。アフメットジャンらは二十六日までアルマトイにいたことがわかっています。信頼できる証言が数多く残されています。つまり、二十五日に飛行機に乗っているはずがありません。中国側の公式発表では、一九四九年八月二十七日にロシアのバイカル湖付近で事故に遭ったとしか書かれておらず、飛行機についての情報はありません。該当場所での飛行機の墜落事故についての情報は、一九四九年八月二十五日のものだけです。中国の公式発表では飛行機は一九四九年八月二十六日にアルマトイを飛び立ち、翌二十七日にバイカル湖近くのイルクーツクに墜落したことになっていますが、二十七日、該当場所での墜落の情報はありません。

一九四九年八月二十五日の飛行機事故調査報告書について

すでに紹介した、ドミトリー・エルツォフらのロシア領内における飛行機事故報告をまとめたウェブサイトに、「ソ連とロシアの航空事故調査機関」による一九二九年以後の民間機四千六百八十六機の事故、および一九四〇年以後の軍用機二百三十六機の事故の報告書がまとめられています。一九四九年のデータを見ると一九四九年八月の飛行機事故は三件あり、その中の八月二十五日の飛行機事故の調査報告書には、以下のように書かれています。

ブリヤート共和国カバンスク近郊における民間航空隊国際航空第二十九分遣隊ＩＬ―12の墜落事故
事故の種類：墜落
日付：一九四九年八月二十五日
時刻：〇五：一四

国：ソビエト連邦
航空機登録番号：ＵＳＳＲ－Ｌ一八四四
航空会社：アエロフロート（ソ連）
所属：民間航空隊国際航空第二十九分遣隊

説明
八月二十四日、国際航空第二十九分遣隊の特別便が、アルマトイからチタに向かって飛び立った。機には九人の乗客（その中に自称東トルキスタン共和国のメンバーがいた可能性がある〔本文ママ〕）を乗せ、六百キロの貨物も積載していた。同日、同機はモスクワ時間十二時五十八分にクラスノヤルスク市に到着、天候不良のため離陸は翌日となった。
八月二十五日の朝、機はクラスノヤルスク～イルクーツク間の気象予報（二時三〇分～六時三〇分、平均雲量七～十、層積雲、積乱雲、雲底高度六百～千メートル、驟《しゅう》雨《う》、視程四～十キロメートル、雲中に氷滴、北の風五十五～六十五メートル／時）、イルクーツク空港の予報（平均雲量七〜十、積乱雲、雲底高度二百〜三百メートル、雨、視程四〜十キロメートル、北西の風秒速七〜九メートル／秒）を受信した。

モスクワ時間の二時二十五分に飛行機が飛び立ち、二時四十分、飛行高度二千四百メートルで雲中に入ったため、機長は高度を三千メートルに変更する許可を求め、クラスノヤルスクの管制塔から許可を得た。三時四十五分、機はクラスノヤルスクに、十分前にニジネウジェニスカ上空を通過し、クラスノヤルスクの管制圏を離れると報告した。三時五十二分、機は、イルクーツクの管制塔に、高度三千メートルでチタに向かう、イルクーツクの管制圏に入る、と報告した。機は管制圏に入る許可を得た。

四時三十分、機長は機体への着氷を報告、高度二千四百メートルまで降下してチタに向かう許可を求め、管制塔は許可を与えた。四時四十五分、機はイルクーツクを通過した。四時五十六分、機はイルクーツク〜チタ間の気象予報（イルクーツク〜ウランウデ間、雲量七〜十、上層・中層雲、積乱雲、雲底高度三百〜六百メートル、ウランウデ－チタ間、積乱雲、雲底高度六百〜千メートル、短時間雨、雲中に氷滴、視程十キロメートル、高度二〜三キロメートルで北西の風四十〜五十キロメートル／時）、チタ空港の予報（七時～八時、雲量五～九、層積雲、積雲、雲底高度六百～千メートル、降水なし、視程十キロメートル、南西の風九～十二メートル／秒、最大風速十五～十七メートル／秒）を伝達された。

五時十二分、機からイルクーツク空港に、緊急性のない、遭難メッセージでもない連絡があったが、その時他の航空機と交信中だったため、一分交信を待つよう求められた。五時十五分に管制塔が呼びかけたが応答しなかった。他の空港との交信も記録されていない。機体は八月二十九日七時三十分、上空からカバン山（標高千四百七十九メートル）の東斜面（千三百五十から千四百メートル）で発見された。事故は最後の交信から一、二分過ぎに、カバンスク市の南三十一キロメートルで発生した。

調査委員会によれば、航空機が山間のカバン河上空千二百メートルで、十～十五度の右旋回をしようとして、トウヒの木の上から三メートルのところと右翼端が衝突し、同時に左翼が二十四メートル離れた別のトウヒの木の上部を切断した（どちらの木も高さは十四メートル）。

木に衝突した後、機体は最大三十度の角度で上昇し、三十二メートル飛行した後、左翼で再び木を切り倒し、左翼端四・二メートルが切断された。同時に、別のトウヒの木の上部を左プロペラで、もう一本のトウヒの木の上部を右翼端で切断した。同時に、右翼の前縁が引きちぎれた。

機体は左旋回の角度を増しながら上昇を続け、百八十九メートルの距離でさらに五本の木を切り倒し、左翼が完全に破壊された。機体はその後も左旋回し、反転して飛行を続けた。四百十四メートル飛行した後、仰向けの姿勢で機体前部、右エンジン、右翼が岩肌に激突した。衝撃で機体は完全に破壊され、炎上した。

最初に樹木に接触してから岩に衝突するまで、機体は百五十〜二百メートル上昇していた。法医学的検査の結果、乗員乗客は墜落時に死亡している。

一九四九年八月二十五日に、ブリヤート共和国のカバンスク市に近いカバン山で飛行機事故が起きたことは、この報告書およびラジオ・フリー・アジアの取材により確認が取れています。

この飛行機は一九四九年八月二十四日にクラスノヤルスクに着き、翌二十五日に飛んでいました。アフメットジャン・カスミー一行が二十四日の夜にアルマトイにいたことが確認されていて、二十六日にモスクワに飛び立ったとの証言が多数ありますが、公式資料が公開されてないため、彼らがこの飛行機に乗っていたかどうかは確認できません。

アフメットジャンの妻のマヒヌル・カスミーは彼女が聞いた「飛行機事故」の詳細を前掲の著書に以下のように記しています。

一九四九年八月二十二日に、アフメットさんはコルガス国境を通って二十三日にアルマトイに到着した。二十四日にカザフスタンのシムバリニスキーに到着して一泊し、二十五日に飛行機でニューシベリアに行った。二十六日はイルクーツクまで行った。二十七日はチタに飛び、二十八日に汽車で満州国境を越えて鉄道で北京に行くことになっていた。しかし二十七日イルクーツクの天気が思わしくない曇り空で、バイカル湖上空は霧に覆われていた。飛行は難しいと思われたが、アフメットさんは一行の団長として、計画通り北京に到着するために、予定の時刻に飛ぶように乗員に求めた。

乗員たちは止むなく飛行した。飛行機はイルクーツクから飛びたって一時間四十分を過ぎた頃に、地上との連絡が途絶えてしまった。飛行機はバイカル湖の上で濃い雲の中に入ってしまった。聞くところによると、アフメットさんたちは飛行機の重さを軽くするために、荷物を投げ捨てたらしい。乗務員たちも飛行機の状況を地上に連絡した。それでも飛行機はバランスを失って最終的に山に激突してしまった。飛行機には十八名が乗っていたが、全員亡くなったことだけが伝えられた。それ以外のことはわからない。

マヒヌルはまた同書に、当時新疆軍区トップの一人だった馬寒冰から、一九五二年に聞いたという「興味深い」エピソードを記していました。

アフメットジャンたち革命烈士が犠牲になった時、私は東北で勤務していた。後に毛沢東書記がモスクワを訪問した時、私は命令に従い、任務のためソ連に行った。私たちの部隊は中央政府の命令を受け、速やかに国境を越えた。私は一つの連の兵を連れ、墜落したアフメットたちの機があるところに行き、一時現場を確保した。

馬寒冰は王震の秘書や新疆軍区トップを務めた後、一九五七年に毛沢東に批判され冤罪により自殺したことで知られています。彼は「一九四九年の八月に王震の第一野戦軍と共にいて、後に新疆に入った」ことが確認できます。しかし、事故が起きたとされる時期にソ連に入った形跡は確認できません。彼が毛沢東と周恩来に同行したとすれば、それは「一九四九年十二月十六日」のことになります。中国語のネット資料には「一九五〇年の初めにモスクワに行き、ソ連側との新疆の石油、非鉄金属などの共同開発に関する会議に参加していた」ことが記されていました。裏付けがとれる資料がない段階ですが、馬寒冰からマヒヌルに伝えられた証言にはいくつか疑問が残ります。

一九五〇年三月に遺体を確認した家族の証言によれば、アブドケリム・アッバソフの遺体を除き、他の遺体は以下のような状況だったとのことです。

遺体には頭部がなかったので、どの遺体が誰なのか全然分からなかった。アブドレシト・イミノフの遺体を確認した彼の妻と息子そして親族は、それが彼の遺体であることを全く信じていなかった。この一家はアブドレシト・イミノフが生きていれば、ソ連にいれば会えるかもしれないと一縷の望みをかけて、一九六〇年にイリからビシュケクに移住している。

一方セイプディン・エズズは著書にこう記しています。

飛行機は八月二十七日、バイカル湖近くの山にあるヤンボリニ・ペリワル（林檎の峠）に墜落して炎上した。一九五〇年、私は毛沢東と一緒にモスクワに行った時に遺体を見た。多くの遺体はバラバラだったが、アブドケリム・アッバソフの遺体だけは額に少し血が滲んであるだけで、亡くなったばかりの遺体のように見えた。アブドケリム・アッバソフは墜落時、機外に放り出され二十メートル以上離れた岩の上に、その遺体がほぼ無傷で横たわっていた。

しかし、アブドケリムの遺体だけが何故ほぼ無傷で、また飛行機の外にあったのかについては、疑問が残ります。

さらに、マヒヌル・カスミーは著書でこう振り返っています。

アフメットジャンが亡くなってかなり時間が経った一九五〇年三月十五日、私は一人家でもの思いに耽っていた。その時、突然エセエト・イスハクフが訪ねてきて、ソ連側が事故現場から回収したアフメットジャンのスーツケースを持ってきてくれた。スーツケースはかなり痛んでいた。スーツケースを開けてみると、中にアフメットジャンが普段身につけていたオメガの腕時計が入っていて、正常に動いていた。一部の荷物は焼けてしまっており、一部は紛失していた。

「飛行機事故」が民の心に残したもの

ウイグル人歴史学者のネビジャン・トルソンが『ウイグル通史　十一巻　スターリンと

毛の団結：アフメットジャン死後の大占領』において、アフメットジャン・カスミーたちの「死」に関する「公式発表」と、別の見解を示す当時の人々の証言を、以下のようにまとめています。

①アフメットジャンたちは飛行機事故で死んだのではなく、殺されたとする証言
②アフメットジャンたちはアルマトイに会談のために呼ばれたとする証言
③アフメットジャンたちは飛行機でモスクワに連れていかれたとする証言
④ソ連の旧情報員たちによる「彼らの死は一生の謎」という証言

「アフメットジャン・カスミーをはじめとする東トルキスタンのリーダーたちが突然消えてしまったことは、私たちの心にトゲのように刺さったままだ。この耐え難い痛み、悔しさは生きている間はずっと続く」

これは私・筆者の父方の祖父の口癖でした。これは「あの激動」の時代を生き抜いた多くの人々に共通の思いでしょう。ウイグル人が何故この痛みを一生背負って生きていかね

ばならないのか、あの時に何が起きたのか。それを多角的に分析した歴史研究はまだありません。祖父から私に伝わった思いは特別なものではありません。一千万人以上のウイグル人が、先祖から同じ思いを受け継いでいます。私の父はイリ出身で、祖父はアフメットジャン・カスミーらと同じ時代を生きた人でした。

私の家には、物心ついた時からアフメットジャン・カスミーをはじめ「飛行機事故」で亡くなった方々の写真がありました。私の家だけではありません。私の記憶では、多くのウイグル人の家にアフメットジャン・カスミーの写真がありました。「アフメットジャンを忘れてはならない」と言って家に写真を飾っている人を何度も見たことがあります。

ウイグル人の多くが、毎年八月二十七日に家族全員でウルムチからイリに墓参りに行きます。「ソ連と中国共産党の陰謀により、東トルキスタン共和国のリーダーらは『飛行機事故』に見せかけて殺された。またその事実は二カ月以上も伏せられ、その間にブルハン一人が勝手な行動を取り（次章参照）、国を乗っ取られた」という思いを、ウイグル人の誰もが共有しています。この共通認識が、中国共産党への怒りと不信感に繋がっています。このような悲しみの歴史を共有し、耐えることを通じて、ウイグル人同士の結束が強められていきました。それが、ウイグル人の心の中に、中国共産党が簡単に入り込めない理由でもあるのです。

私は子供の頃、周りの大人から「ウイグル人の有力者らでアフメットジャン・カスミー基金を立ち上げ、将来中央アジア諸国に住んでいるウイグル人らと協力して、飛行機事故の真相を調査する」計画があることを聞きましたが、様々な理由で未だに実現できていません。

ロシア語学科を出た私は、二〇〇五年と二〇一五年に、モスクワとサンクトペテルブルグの資料館で「飛行機事故」の資料を探しましたが、全く関係のない資料しか閲覧できませんでした。「飛行機事故」に関する資料は、ソ連が崩壊した今も、ロシアと中国の間で極秘事項になっているようです。「飛行機事故」に関する資料がいつ公開されるかはわかりま

1949年12月17日のウルムチ。中国共産党は進軍間もない時にアフメットジャン・カスミと毛沢東の大きな写真などを会議の舞台などに共に飾っていた。（写真RFA）

せん。

ウイグル社会は、このような不審な事件により、自分たちの国家とそのリーダーを失いました。アフメットジャン以前には、エリハン・トレーというリーダーがいましたが、彼もソ連に拉致され、軟禁されて病死しました。ウイグルでは「リーダーが育てば消される」状況が続いていました。

ウイグル人が中国共産党に抱く不信と反発を取り除くには、中国共産党が「飛行機事故」の詳細を、物的証拠を提示して納得がいくようウイグル人に説明し、話し合うことだと思われます。しかし、現実は、そんなことが実現するどころではなく、もっとひどい状況が進行していますが。

第五章　謎の男「ブルハン・シェヒディ」

二十世紀のウイグル史上最も謎めいた人物

ブルハン・シェヒディは、毛沢東の新疆進軍と「和平解放」において重要な役割を果たした人物です。彼は旧ソ連のタタールスタンにあるカザン生まれのタタール人であり、「二十世紀のウイグル史上最も謎めいた人物」としてその名が知られています。

彼は、一九四九年の政治的社会的に複雑な状況を利用し、「新疆省の代表」として毛沢東との交渉で解放軍の新疆進軍を許可し、勝手に東トルキスタンの大地を中国共産党に差し出しました。その「業績」を永遠のものとするために、民族区分を「ウイグル人」に変え、余生を過ごしました。

またその一方で、アフメットジャン・カスミーと「兄弟のように」付き合っていました。

毛沢東から「招待状」をアフメットジャン・カスミーが受け取ったその翌日、アフメットジャンはブルハンに手紙を出していました。ブルハンは八月二十八日にソ連領事館で、アフメットジャン・カスミーが八月二十二日に「飛行機事故で死んだ」ことを伝えられました。しかし彼は、その後八月末にアフメットジャン・カスミーに手紙を書いて出していました。これは、アフメットジャン・カスミーが亡くなったことを、「自分も知らなかった」と東トルキスタン共和国側に伝える「アリバイ造り」だった可能性もあります。

このように彼は多くの謎を抱えながらも、国民党時代、共産党時代、一貫して中国体制側から重要視された人物です。彼は国民党時代に新疆省の主席を務め、国民党政府と東トルキスタン共和国リーダーらとの和平協定の仲介・連絡役となります。後に陶峙岳と共に中国共産党側に寝返り、東トルキスタンのリーダーらが「飛行機事故で死んだ」ことを知った後、たった一人で「新疆のウイグル人他各民族を代表」として毛沢東に電報を打ち、人民解放軍の新疆進軍に内側から協力します。新疆の「和平解放」後、一九五五年に新疆ウイグル自治区が成立するまで新疆省人民政府の主席の座を与えられます。それから北京での要職に抜擢、中国イスラーム教会主任、中国全国政治協商会議副主席などを歴任します。

彼は中国共産党から一貫して高い評価を受けてきた「ウイグル人政治家」の一人であるとされています。二〇〇〇年十二月、『新疆歴史資料』第四十四号（ウイグル語）が発行されましたが、これはブルハン・シェヒディ誕生百年記念号でした。この四百ページの書籍の執筆者は、第十六期・十七期中国共産党中央政治委員、第十一期全国人民代表大会常務委員会副委員長の王兆国をはじめ、王震、王恩茂、鄧力群、イスマイル・エメイティ（自治区元主席）、トムル・ダワメット（自治区元主席）など、北京政府や新疆ウイグル自治区の漢族・ウイグル人のトップ、彼の元同僚、それに家族であり、最後にブルハン・シェヒディの年表が載っていました。王兆国はブルハン・シェヒディを「忠誠を尽くした偉大な中国共産党の戦士・偉大な愛国者・偉大な社会活動家・ウイグル人の代表」と絶賛していました。さて、この「真っ赤な」愛国者の心の裏には、何が隠されているのでしょうか。

ブルハン・シェヒディ（写真：RFA）

タタール人として生まれた彼が自身の民族区分を「ウイグル」と称するのは一九四九年の政変後のことであり、それ以前は自分をウイグル人だと名乗ったことは一度もありません。それはウイグル人の間では周知の事実です。彼と同時に生きた国民党要人の回顧録においても、ブルハン・シェヒディの民族区分が「ウイグル人」になっていることに疑問が呈されていました。

一例をあげると、一九四六年から一九四八年夏までウイグルの国民党軍指揮官であった宋希濂《そうきれん》の『宋希濂今昔録』には、ブルハンは「一九四九年一月以前、あるいは共産党が政権を取り彼が継続して新疆省の主席になる前に、自分のことをウイグル人だと名乗ったのを聞いたことがない。彼の民族区分が突然ウイグル人に変わり、何百年か前に新疆のアクスからロシアに移住した祖先の末裔だと聞いて皆驚いた」と書いています。ブルハンは政治的立場上ウイグル人としての身分が必要だったため、中国共産党の指導の下に、その出自を改竄したと考えられます。

本章ではブルハン・シェヒディの人生に焦点を当て、彼の「和平解放における功績」なるものを検証し、その晩年の戸惑いから窺える「中国共産党の人間改造」について論じます。彼を理解するために、まず彼の人生の歩みを彼の生誕百周年記念に捧げられた『新疆歴史資料』第四十四号や自伝『新疆五十年』をもとに詳しく見ていきましょう。

ブルハン・シェヒディ年表（筆者作成）

1894年10月3日	0歳	ロシア・カザン市に生まれる
1905年	11歳	カザン市ムハンマドイヤ学校に入学
1909年	15歳	「MAARIP（教育）」書店で働く
1911年1月	17歳	ニジニの展覧会に書店から派遣される
1911年10月		シェメイの天興貿易商社（天兴洋行）で見習いとなる
1912年秋	18歳	天興貿易商社が彼を中国派遣する。彼はチョチェク経由でウルムチに行き、ウルムチ天興貿易商社にて店員として働く
1914年	20歳	中華民国政府に申請し中国国民身分を回復する
1920年	26歳	中国ロシア貿易正常化。イリの通関にて関税監察官になる
1922年	28歳	両親と妹が新疆に居住。天興貿易商社の仕事を辞職し馬の牧場の委員になる 仲間と秘密結社を作り「YENGIHAYAT（新しい生き方）」誌を二回刊行する
1925年	31歳	イリに行きまたウルムチに戻る。車会社の委員になる。当時の新疆省トップの楊増新の通訳となる。ソビエトのウルムチにおける領事館の領事ベストロフと知り合う
1926年	32歳	車を所有し、車会社の社長になる
1929年	35歳	当時の新疆省トップの金樹仁に貿易、工業教育を調査する名目でドイツのベルリンに派遣される
1930年	36歳	ベルリン大学に入学し、フランスの商人の招待を受けてパリに行って調査する
1932年12月26日	38歳	ドイツを離れる。ソビエトを経由してウルムチに帰る途中でモスクワにて革命組織に参加する
1933年1月25日	39歳	ウルムチに到着する
1933年3月		金樹仁が彼を再びドイツに派遣する
1933年4月4日		チュチェクに行く
1933年6月9日		チュチェクにてアルタイ地域の平和大使に任命される
1933年10月		再びチュチェクに戻って兵を徴集し反政府組織の兵の武器を没収する
1934年1月	40歳	アルタイに行く
1934年2月		アルタイにて救命活動を展開する
1934年4月		アルタイ民衆委員会を組織する
1934年6月19日		ウルムチに来る
1934年8月1日		裕新土産物会社社長になる
1935年4月	41歳	反帝国連盟人民部の副会長になる。新疆第第二次全省民衆大会に参加。大会委員に選出される
1935年8月		新疆裕新土産物社の代表としてソビエト新貿易会社から五百万金ルーブルを借りる契約にサイン
1935年9月		モリとバリキュルに行く
1935年10月29日		ウルムチに戻る
1937年1月	43歳	ソビエトの会社と二百万金ルーブルを借りる契約にサイン
1937年5月		ソビエトのザイサン（今のカザフスタンの領域内）に行き領事になる

1938年3月	44歳	ウルムチに帰る途中ジン県にて拘束される
1938年4月		ウルムチの第二監獄に移動
1940年初春	46歳	第四監獄に移動。『三民主義』という本を訳す
1944年11月28日	50歳	釈放。監獄にて『ウイグル語・中国語・ロシア語』辞典の原本を完成させる
1945年	51歳	警察工会執行部の通訳事務室の副室長。後に民政庁副庁長。後にウルムチ専区の専員で長官
1946年7月1日	52歳	新疆連合省の副省長。もう一人の副省長はアフメットジャン・カスミ
1946年10月		南新疆に行って選挙を監督する
1947年2月5日		ウルムチ「九月二十五日」事件にて包囲される
1947年4月		民生委員調査団を連れてアルタイに行く
1947年4月8日		ウルムチに帰る
1947年4月14日		新疆学院（当時の新疆大学）兼学長
1947年6月		国民党政府がメスウド・サビリを省のトップにしたことにアフメットジャン・カスミと共に南山の牧場で抗議する
1947年8月		張治中と会う。南京に行き国の委員になる
1947年9月		新疆歌舞伎団を連れて南京、上海、台湾などに行き公演する
1948年5月1日	54歳	総統府の顧問になる
1948年6月		新疆に戻る。途中蘭州にて張治中と会談する。ウルムチに帰ってから新疆学院の学長に再び就任する
1949年1月10日	55歳	新疆省の書記
1949年2月		張治中の要請により蘭州に行き、甘粛省、青海省、新疆省三省トップ会議に参加
1949年5月		偽金幣蔓延防止の為に新疆銀幣を造幣する
1949年7月		新疆省の代表をマナス側に派遣し東トルキスタン側を安心させる
1949年9月14日		中国共産党中央政府「連絡員」の鄧力群がイリからウルムチに極秘に到着しブルハンの家に住む
1949年9月19日		ブルハンが鄧力群を通して毛沢東に電報を打つ
1949年9月28日		九月二十六日の陶峠岳の共産党に寝返った宣言と毛沢東へ電報の後にブラハンが真理に返ったと宣言し毛沢東に進軍の要請と歓迎の電報を打つ
1949年10月1日		ウルムチで中華人民共和国が成立したこと、新疆「和平解放」を祝う大会にて代表として祝辞を述べる
1949年11月1日		アフメットジャン・カスミが「飛行機事故で亡くなった」ことを伝える大会で司会を務める
1949年12月7日		新疆省人民政府書記兼新疆学院校長
1949年12月7日		陶峠岳と一緒にウルムチに空港に行き王震を出迎える
1949年12月9日		解放軍と東トルキスタン民族軍から改編された「第五師団　51KORPUS」がウルムチに入る儀式に参加
1949年12月31日		王震、徐立琴の紹介で中国共産党に正式に入党し中国共産党新疆支部の党員になる
1950年1月	56歳	「アメリカ領事がオスマンの武力勢力と口裏合わせをし、解放軍の新疆進軍を妨害した証拠」として論文を書く
1950年5月		北京に行き全国政治協商会議第一届け第一次大会に出席し毛沢東、周恩来と会う。ソビエトの要請に従ってソビエトに半年間の休養で行く

1952年5月	58歳	アルタイ地区を参観
1952年8月		中国共産党新疆支部の常務委員になる
1953年5月	59歳	中国イスラム協会が北京で発足した時に準備状況工作報告会で報告し、会長になり、二回目と三回目の会長も続ける。『ウイグル語・中国語・ロシア語辞典』が民族出版社により出版
1954年	60歳	新疆民族区域自治準備委員会の会長になる
1954年7月		新疆省人民代表大会第一次第一回大会の司会を務める
1954年11月		イリカザフ自治州初の人民代表大会に参列
1954年12月25日		中国人民政治協商会議第二届第一次全国大会にて副主席になる
1955年2月	61歳	周恩来の電報により北京に転職することを検討
1955年5月		国務院の許可と批准により中国社会科学院哲学文系部の委員になる
1955年6月		中国・インドシナ友好協会の会長になる
1955年7月		第一届第二次人民代表大会に参加
1955年9月		新疆省第一届第二次会議にて過去六年間の仕事を総括・報告し新疆ウイグル自治区が成立したことを宣言
1955年12月8日		世界平和連合常務委員と共にヘルシンキを訪れる
1956年2月	62歳	中国政治協会議第二届第二次大会に参加
1956年2〜4月		中国文化芸術団の団長としてエジプト・スーダン、エチオピア、シリア、レバノンなどの国々を訪問
1956年6月		中国ムスリムメッカ巡礼団を連れてメッカに行く。アラブの国々を訪問する
1956年9月		中国共産党第八次大会で演説。中国社会科学院少数民族言語学係の責任者になり『歴史研究』雑誌10期において共同で「シベリアという地名の由来について」との論文を発表する
1956年11月12日		孫文誕生九十年記念日において「人民日報」にて「孫文先生の愛国魂を学ぶ」との文章を掲載する
1957年3月	63歳	中国全国政治協商会議第二届第三次会議にて「中近東諸国の我が国と民への友好」との中近東訪問感想を発表した
1957年6月26日		『人民日報』に「少数民族言語に見る漢語の影響」を掲載する
1957年7月12日		中国全国人民代表大会第一届第四次会議にて「少数民族の為に文字を開発しよう。文字を改革しよう」と提案し演説する
1958年2月	64歳	中国・エジプト友好協会が設立。郭沫若がカイロに訪問団を連れて行く時に副団長として一緒に行く。同じ時期に『歴史研究』雑誌に「ヤクプベグの政権について」を発表する
1959年2月	65歳	オーマン教育部のハーサル王子が中国を訪問した時にブルハンが晩餐会で演説する
1959年3月〜4月		新しく建立したイラク国に中国文化団連れて訪問する
1959年5月		全国政治協商会議第三届常務理事第一回会議にて、政治協商会議常務副書記に選出される
1960年5月4日	66歳	首都北京の青年たちがトルコの愛国正義革命を応援する会にて「アジアアフリカ団結連盟」副書記「中国イスラム協会」書記として演説する。
1960年12月7日		中国社会科学院哲学文系部において「少数民族言語工作における偉大な成果」と演説を行う
1960年12月		中国を訪問中のアラブイエメン共和国のトップザバリと会談する
1964年	70歳	ブルハンの楊増新と金樹仁時代の経験が、中国政治協商会議が出版する『歴史資料　第四六巻』「ブルハン回顧録一」「ブルハン回顧録二」として掲載される。中央政府は彼の「問題」を調べ始め終わったが、また結論に至っていない

1965年	71歳	全国政治協商会議員以外の肩書きは外される
1966年	72歳	文化大革命が始まる
1966年 9月2日		夫人のレシデと共にウルムチに返され、新疆大学内の紅衛兵に監視されながら暮らす。一家に支給される毎月の生活費100元
1967年	73歳	二人がウルムチ近くの水磨溝にある監獄に入れられる。半年後に夫人だけ解放されるが毎月の生活費30元
1973年	79歳	ブルハンの子どもたちが何回も申請した後、面会の許可が降りてウルムチの監獄でブルハンと面会する
1975年	81歳	釈放されるが「ソビエト修正主義のスパイ」との罪で引き続き「群衆の専制化に置かれて改正させられるべき」と処理された為にウルムチのガリビエット路にある古い家で警察署から監視され毎週一回思想を報告する。毎月の生活費150元
1977年	83歳	釈放され、北京に飛行機で戻る
1978年	84歳	中国全国政治協商会議第五届会議にて副書記になる
1979年	85歳	『民族研究』雑誌にて「新疆の歴史における幾つかの問題について」との論文を発表する
1980年	86歳	『中国とロシアの関係を研究する協会研究ニュース』「盛世才時代の新疆」との論文を発表する
1984年	90歳	『新疆五十年』を出版する
1989年 8月27日	94歳	ウルムチに出発しアフメットジャン・カスミが「飛行機事故」で亡くなった四十周年記念日に出る予定が叶わず、出発前に亡くなる
1989年 8月29日		飛行機で遺体がウルムチに戻され埋葬される

年表から分かるように、彼はその九十四歳の生涯において、訪れた異なる政治的機会に最大限の忠誠を誓い、厚遇されてきたことが分かります。しかし、彼は「文化大革命時代」に七十三歳という高齢にもかかわらず、十年間投獄されました。共産党が問題視したのは、彼がソ連修正主義のスパイだったことだとされています。

彼は八十九歳の時に『新疆五十年』という著書を執筆し、自分自身の様々な行いを歴史的証拠として残そうとしましたが、彼と同時代に生きた人々は「一部の真実は修正され、隠蔽されて」いると指摘します。彼は一九二九年から一九三二年までドイツのベルリンに留学したと書いていますが、これは普通の留学ではなかったことを、ラジオ・フリー・アジアが二〇一三年九月から「ブルハン・シェヒディのドイツ旅に隠された秘密」と題したシリーズで詳細に伝えています。

ブルハンは金樹仁から与えられた極秘任務のためにドイツに留学した。それは金樹仁が長年ウイグルで蓄えた財産をベルリンでスイスの銀行に預けること、そして金樹仁のために最新の武器を大量に購入することであった。ブルハンはベルリンにおいてファド・カザックというカザフ人の協力を得て、金樹仁が天津の銀行からベルリンに送った巨額の資金をスイスに銀行に預けることができた。そしてまず最初に、購入した二百丁のピストルを、ソ連経由で金樹仁に送ることに成功した。ドイツの中華民国大使館に気づかれないよう、全ての作業が慎重に行われた。

ラジオ・フリー・アジアは上記のことを、ドイツの一九三〇年の新疆関連の資料や大英帝国のインド関連資料を検証しながら明らかにしています。

ブルハンがドイツで、どの程度の資金を使い、どの工場からどういう武器をどれだけ仕入れたのか、スイスの銀行に預けられた資金はその後はどうなったのか、ブルハンと同年代のウイグルの知識人（ヘウィル・トムル）はウルムチに送られた武器がクムルにおけるウイグル人の反乱の弾圧に使われたと指摘していますが、その詳細はどうなっているのか。今後さらなる研究が必要です。

ブルハンは中国国民党時代においても中国共産党時代においても重要視された人物で、国民党時代の「最後の新疆省の書記」であり「中国共産党時代の最初の新疆省の書記」です。しかし彼は、ウイグル人の間で東トルキスタンの代表になったことは一度もありません。その評価は、彼の祖国タタールスタンと中国ではまるで違います。

ブルハン・シェヒディの「和平解放」における「功績」

ブルハン・シェヒディは、東トルキスタン共和国リーダーらが毛沢東の招待を受け入れ、「北京に向かう途中、飛行機事故に遭い亡くなった」ことを知らされた時の状況を、彼自身の回顧録『新疆五十年』にこう書いています。

一九四九年八月二十八日、ソ連領事館のイエプサイエフ（ママ）がソ連から届いた電報の内容を私に教えてくれた。アフメットジャン・カスミーらが乗った飛行機に問題が発生し、乗っていた人々が八月二十二日に亡くなったとのこと。私は自分の耳を疑った。イエプサイエフに改めて内容を確認した。イエプサイエフは同じ内容をもう一度繰り返した。目眩がし手足に力が入らなかった。イエプサイエフは私に、この話は秘密にすること、彼の家族や民衆に知らせず、上からの指示を待て、とも言った。そして、東トルキスタン側はイリに残っていたセイプディン・エズズを北京に派遣することを決定したことも教えてくれた。

この時点で、東トルキスタン共和国側は、上層部の残りの人たちや亡くなったリーダーたちの家族を含め、誰もその死を知らされていなかったことが分かります。

北京に行くことになったセイプディン・エズズは、東トルキスタン共和国のリーダーらの死について、「一九四九年九月三日朝、ソ連領事館に呼ばれた。飛行機が八月二十七日に遭難し、全員死んだことを知らされた」と著書に記しています。

アフメットジャンらの死は、全ての公式記録において「一九四九年八月二十七日」とされていますが、ブルハン・シェヒディは「八月二十二日」という日付にこだわっていました。彼は一九四九年十一月一日にウルムチの南門にある「ウイグル文化促進会」で、新疆の宗教界の人々に「アフメットジャンらは八月二十二日に飛行機に乗って北京に向かう途中で亡くなった」と述べていました。

ブルハンは、一九四九年九月十日に張治中から「時期を逃さず態度を明確にし、国民党政府と関係を絶ったことを公式に宣言するべきだ」との電報を受け取ります。九月十二日の毛沢東から彭徳懐への電報に、「新疆省主席のブルハンは問題を平和的に解決するために人を派遣した。新疆問題の解決は既に戦争問題ではなくなった。和平解決の問題になった」と書いています。この内容から、ブルハンが中国共産党の進軍に抵抗しないよう、東トルキスタン共和国に残された指導者層と交渉を始めたことが分かります。

九月十七日に陶峙岳とブルハンが連名で、張治中に電報を送り、毛沢東の希望にできるだけ添って新疆の和平解放を保証する旨を知らせています。九月二十六日、ブルハンは新疆省政府を代表して毛沢東に「本日、広州の国民党政権との関係を絶つ。貴殿の和平声明を受け入れる」との電報を送りました。そして二日後の九月二十八日に、毛沢東に「新しい門出に立ち、小生は暗中模索の状態にあります。ご指導をお待ちします。鄧力群同志とは意気投合しました。全て彼と相談の上行います」と改めて電報を打つなど、「東トルキスタン共和国」や「新疆省」の運命に関わる一連の重大な決定をしていることが分かります（第三章参照）。

ブルハンと毛沢東（写真 RFA）

問題は、彼の決断や電報の内容を当時の「東トルキスタン共和国」の上層部や人民は誰一人知らなかったことです。中国共産党は、彼の一連の電報について「ウイグル側の正式な代表が発したもの」という見解を示しています。しかし、東トルキスタン共和国の上層部と軍そして民衆は、この時まだ「アフメットジャンらの死」さえも知らされていなかったのです。ブルハンの電報は、毛沢東の「新疆和平解放の通行証」として、「ウイグル人の意思で共産党受け入れを決定したもの」として中国側に利用されていますが、その「通行証」も「意思決定」も東トルキスタン人民によるものではありません。そしてこのことが、東トルキスタン人民の、絶え間ない抵抗運動の火種となったのです。全ての事実を知った東トルキスタン人民の、騙された悔しさが、支配に屈しない意志となり、七十三年経った今も、共産党を悩ませ続けているのです。

ブルハンの一連の無責任な行動が、今日の「複雑な状況」を招いた一因であることは確かでしょう。新疆生産建設兵団設置の直接的な原因の一つはこの「複雑な状況」と、民意を恐れた結果です。内側からの監視と支配、同化と人口逆転で問題を解決するために、新疆生産建設兵団の設置が必要とされたのです。

「共産党による賛美」と「タタール人社会からの批判」

ブルハンは中国共産党からは「偉大な愛国者」と称えられていますが、タタールスタンのタタール人からは「東トルキスタン民族運動を妨害した悪名高きタタール人」と非難されています。彼は二つの異なる称号で歴史を飾ることになりました。
彼は『新疆五十年』という回顧録にこう記しています。

清朝の時代、私の祖先は暴政に耐えかねて、東トルキスタンの南のアクスからタタールスタンのカザン付近に二十数名で移住した。ウイグル人の家系である私たちは、故郷を忘れないために、移住した場所をアクスと呼んだ。祖父はオルガ流域で長く船乗りとして生きてきた。

回顧録に彼の家族や親戚の写真がいくつもあります。これらの写真を見れば、ブルハン・シェヒディの家系がタタール人であることが分かります。筆者は最初、ブルハン・シェヒディはウイグル人とタタール人の混血だろうかと考えていました。
しかしそれは、すぐに間違いであることがわかりました。ラジオ・フリー・アジアは二〇一五年八月十二日、「新疆アクス市の街に飾られたブルハンの写真が意味するもの」

アクス市街地に翻った
ブルハンの旗（写真：RFA）

と題する報道の中で、ブルハンがカザン生まれの純粋なタタール人であること、ブルハンが生まれたタタールスタン・カザンのアクスと新疆のアクスの間に歴史的な繋がりがないこと、移民でもなくウイグル人と全く関係がなかったこと、ブルハンは一九四〇年代になって「ウイグル人」として生きる必要があり、この架空の物語を作り出したことを明らかにしました。それらの情報は、タタール人学者のミルカシム・オスマヌフや、二〇一一年にロシア語で『ブルハン・シェヒディ』を刊行したリナ・ミンガリュフらへの取材に基づいています。

その報道では、タタール人歴史学者のユルダズ・ヒリユンの「ブルハン・シェヒディが民族をタタールからウイグルに変えたのは一九四九年以降であり、それは中国の政治上の必要性のためにでっち上げられたものである」という話（雑誌『タタール世界』より）も紹介しています。

二〇一五年から中国共産党は、「ウイグル人ブルハンの故郷」とされたアクス市のあらゆる所に「新疆は二千年以上も前から中国の一部だった」という文言の入った、赤い色のブルハンの大きな写真を掲げました。それは、ブルハンがウイグル人ではないと取り沙汰されたことに対する焦りのようにも見えます。

ブルハンは「ウイグル人」として東トルキスタン共和国を代表し、人民解放軍の新疆進軍を「正式に歓迎」した人物とされるため、これらの事実が暴露されたことは共産党をさぞ焦らせたことでしょう。

シャトグリ・ウイグル暗殺事件

アフメットジャン・カスミーたちを「北京の政治協商会議に向かわせる」ことに成功した鄧力群が『その死を秘密にしていた』ことは、彼が一九四九年九月三日に中央に送った電報で明らかです。マヒヌル・カスミーの『アフメット先生を偲ぶ』によれば、その電報には「アフメットジャン・カスミーたちの死を、いつどのような形で知らせるか」とありました。

その後鄧力群は、この極秘情報を周りに知らせないために演技を始めました。一九四九年九月上旬、彼は飛行機事故で亡くなったとされる、東トルキスタン民族軍のイスハクベク・ムノヌフ将軍の秘書、アブレット・トフティエフを部屋に呼び、北京のラジオ放送から聞こえるウイグル語の声はアフメットジャン・カスミーの声なのかと尋ね、アブレット・トキシイが驚いて「違う」と答えたなど、ウイグル人側から見て疑わしい行動がいくつも証言されています。

鄧力群はセイプディン・エズズに対しても、アフメットジャン・カスミーの死を知らないかのように振る舞っていたことが、セイプディンの著書『人生の叙事詩』に出てきます。鄧力群はセイプディン・エズズから「飛行機事故による死」を告げられた時、「恐ろしい、信じがたい、とまるで気を失いそうなほどの深い悲しみに陥った」そぶりをしていたのです。

その鄧力群は一九四九年九月十五日、秘密裡にウルムチを訪れ、「王同志」という人物と共にブルハン・シェヒディの家に滞在しました。ブルハンは自宅の二部屋を掃除するよう部下に頼み、待ちわびた鄧力群が到着すると、喜びに満ちた表情で抱き合って歓迎したことが『新疆歴史資料』第四十四号に記されています。東トルキスタンのリーダーたちの死を告げられて何日も経ってない時期に、アフメットジャン・カスミーと兄弟の契りをしていたブルハンが、なぜそんなに異常な喜びの姿を見せたのでしょうか。
鄧力群と王同志がブルハンの家に着いてからの様子は、後にブルハンの養子になったウイグル・ミノフが『新疆歴史資料』第四十四号に、以下のように記していました。

彼らが来てから三人で毎日資料を見て、夜通し相談していた。陶峙岳やウルムチ市の当時の市長、屈武がやってきて、彼らを交えて相談することもあった。そして夜十二時、私は養父ブルハンの指示に従い、車でウルムチにあるソ連領事館に行き、領事イワン・エスフ（ママ）に、養父から預かった手紙を届けた。そして返事の手紙を受け取って家に戻り、それを養父に渡した。後で知ったことだが、これらは普通の手紙ではなく、ブルハンと毛沢東がやりとりした電報であった。そんな歴史的な大役を、私がしていたとは信じられない思いである。

この内容から鄧力群やブルハンから毛沢東への電報は、当時のソ連領事館経由で送られていたことが分かります。

この文章を書いたウイグル・ミノフがブルハンの養子になった理由は、中国国民党が企てた一九四七年二月二十五日の「二・二五アフメットジャン・カスミー暗殺未遂事件」にありました。当時、暗殺団がブルハンとアフメットジャン・カスミーの居場所を突き止め、アフメットジャン・カスミーを殺そうとしました。その時、ブルハンの運転手兼警護役を務めていたのがウイグル・ミノフの父でした。父のミノフは二人を守り通しましたが、命を落としました。

国民党の人間が省政府の建物の中に侵入し、ブルハンとアフメットジャン・カスミーを襲おうとしたが、私の父がその前に立ちはだかって敵と勇敢に戦い、革命のための犠牲になったのである。

この「二・二五アフメットジャン・カスミー暗殺事件」についても、公式資料は公開されていません。この事件で犠牲になったミノフの息子ウイグルは、当時十五歳でまだ未成年だったため、ブルハンが養子として引き取ったのです。

ウイグル・ミノフは、後に新疆水利庁のトップとなり、ウイグル自治区の水利事業に多大なる貢献をし、ウイグルの民からも愛され、尊敬されていました。次の新疆のトップに選ばれる可能性もありました。

しかし一九八八年三月八日の朝、ウイグルを震撼させた「テロ事件」が起きました。ウイグル・ミノフの娘で、当時最も人気のあったウイグルを代表する女優、シャトグリ・ウイグルが爆弾テロの犠牲になったのです。家の前に停車していたウイグル・ミノフの迎えの車に、シャトグリが父より先に乗ったところ、車に仕掛けられた爆発物が爆発したのです。それは、ウイグル・ミノフの暗殺が目的だったと推察されました。当時ウルムチでは、「ミノフが中国国民党のテロの犠牲になり、ウイグル・ミノフが中国共産党に狙われ、娘のシャトグリがテロの犠牲になった」と囁かれていたのです。

シャトグリは北京にある中央演劇大学を出ていました。北京在学中、彼女はブルハンの自宅を度々訪れ、ブルハンには本当の孫のように可愛がられたといいます。ウイグル・ミノフは「養父ブルハンは、娘の死を聞いてとても悲しんだ」と書いています。

シャトグリ・ウイグル

当局は神経を尖らせました。後に新疆青少年出版から「事件」の詳細をまとめた書籍『シャトグリ』が出版されましたがすぐに発禁処分となり、著者のヤスン・イミンも軟禁されたと言われています。

ウイグルの要人や重要な事実を知る人物を「飛行機事故」や「車の爆発事故」などの名目で暗殺する「中国共産党のテロ」こそ、ウイグル人が中国共産党を受け入れない、信用できない要因の一つであることをここで述べておかねばなりません。

アフメットジャン・カスミーとブルハンは長年の「親友」だった

一九四九年八月二十七日に「飛行機事故で亡くなった」とされるアフメットジャン・カスミーは、一九一四年四月十四日に東トルキスタンのグルジャに生まれました。後に伯父に引き取られソ連のヤルケンド（現カザフスタンのジャルケント）に移住します。アルマトイの中学を卒業してからナマンガン市にある学校の教師を経て、一九三六年モスクワ東方社会主義労働大学を卒業、一九四二年、二十八歳の時に故郷東トルキスタンに二十年ぶりに戻ります。国民党政権は彼のソ連での経歴を問題視し、一九四三年十二月に逮捕、最初はグルジャの監獄、後にウルムチの第二監獄、それから第四監獄に移されました。

実はブルハンもその時同じ監獄にいました。ブルハンはアフメットジャンと出会った時のことを、『新疆五十年』にこう記しています。

一九四四年八月、（ウルムチ第四監獄の）獄房の窓から、私は毎日井戸水を汲みに来る若い、聡明そうな囚人を見ていた。私たちは互いの名前は知らなかったが、窓越しに笑顔で会釈するようになった。私は彼から、なんとも言えない強い印象を感じた。暫くすると、彼は水汲みに来なくなった。

一九四四年十月二日、アフメットジャンが釈放され、続く十一月二十八日にはブルハンが釈放されました。一九四五年九月、蔣介石が張治中を新疆に派遣し、東トルキスタン側と「和平会談」を始めました。一九四六年一月、アフメットジャンたちは「和平協定」にサインしています。その日、ウルムチ市長を務めるブルハンと東トルキスタン共和国のトップであったアフメットジャンが、夜の文芸パーティーで偶然に再会します。最初は互いに誰だか分かりませんでしたが、話を交わす内、アフメットジャンは、ブルハンが監獄の窓の向こうにいた人物であることに気がつきました。

アフメットジャンは興奮して「私たちは昔からの友人です。覚えていますか？　あなたとは同じ監獄で、毎日井戸に水を汲みに行く私と目が合い、互いに微笑みあったのを」と言いだしました。ブルハンはアフメットジャンの手を握り、「あなたは私に強い印象を残しました。あなたを見かけなくなったので、盛世才に殺されたのでは、と心配しました。やっと友人に再会できました。これから私たちは目だけではなく口でも話せます」と言って喜びました。

アフメットジャンは、彼と同じような背景を持つブルハンを心底信頼していたと思われます。国民党政権と東トルキスタン側が連合政府を作った時に、アフメットジャンは張治中に手紙を書き、ブルハンを国民党側の代表の一人にし、連合政府のトップに置くよう求めたことも知られています。

ブルハンが体調を崩し、一九四七年六月八日にウルムチ近くの避暑地南山で療養を始めたことを知ったアフメットジャンは、家族を連れてブルハンを見舞いに行き、七日間ブルハンと同じ施設に泊まり、様々なことを深く話し合いました。

国民党政権が「和平協定」を守らなかったために、アフメットジャンは「私は近い内にイリに帰る、ブルハン兄さんもイリに来てほしい」と頼んでいます。しかし七月三十日、張治中はブルハンを南京に来るよう呼び出しました。八月十二日、アフメットジャンはイリに戻りました。ブルハンは東トルキスタン共和国の中心地のイリではなく、中国国民党政府の中心地、蔣介石のいる南京に向かいます。

ブルハンは南京に一年滞在し、一九四八年六月にウルムチに戻りました。その時彼は、正真正銘の国民党政府の新疆省のトップになっていました。そして息子のヌスレット・シェヒディを代表としてマナス河岸に送り、東トルキスタン民族軍に停戦を継続するよう説得します。同時に国民党側の兵をその対岸から撤退させてしまいます。

『新疆文史資料选辑　内部資料』第四十四巻に、鄧力群が一九四九年八月十五日イリに入ってからブルハンの名前を聞くまでの状況が、次のように書かれています。

解放軍が蘭州を解放した後の一九四九年八月末に、私はセイプディン・エズズからブルハンの名前を初めて聞いた。私は様々な情報からブルハンが新疆和平を支持する側にいて、三区側のリーダーたちの協力を求めていることも知っていた。その後私はイリ新聞の編集長でブルハンの二番目の義理の息子ウイグル・サイラニと会い、ブルハンについてさらに情報を得た。それとはまた別の情報源からも異なる情報を得た。

「別の情報源」とはどこを指すか分かりませんが、当時のイリの複雑な情勢と、そこに共産党側のスパイがいたことが窺えます。九月十日にソ連領事館から副領事がイリに入りました。鄧力群は副領事から、ブルハンが有能である、盛世才の時代に監獄に入れられた、今は新疆の各民族に信頼されている、そして私たちと連絡を取りたがっている、等の話を聞いたことも記しています。

早くブルハンに会ったほうが私たちに有利であると聞いていたので、「電報で許可を求めたら、中央委員会は私のウルムチ行きをすぐに許可した」ことも明かしていました。

「私たち」とはもちろん、連帯する中国共産党とソ連共産党政権を指すのでしょう。連帯の内容の一端を窺えるスターリンの発言が、寺山恭輔『スターリンと新疆　一九三一―一九四九年』（社会評論社）で明かされています。

新疆の占拠を引き延ばしていると、英国人が介入してくる可能性があるので、新疆の占拠を引きのばすべきではない。彼らは共産主義者に対する内戦を継続するため、インドにいるムスリムも含めムスリムの動きを活発化させる可能性があるが、これは望ましくない。なぜならば中国が非常に必要としている石油、綿花が新疆に多量に存在するためである。新疆に居住する漢人は五％以下だが、新疆占拠後、この広大で豊かな地方を全面的に開発し、中国の国境防衛を強化するため、移住によって漢人の比率を三〇％まで伸ばすべきである。とにかく、中国の国防を強化すべく、すべての国境地域に漢人を移住させるべきだ。

このように裏で密接に繋がるスターリンと毛沢東のために、与えられた任務を忠実に実行するブルハンやソ連領事館職員、鄧力群たちの「連帯」に、東トルキスタン側のトップが気づき、警戒して対策をとったかどうかは分かりません。

アフメットジャンからブルハンへの最後の手紙

一九四九年八月十六日、鄧力群がイリに入った翌日にアフメットジャン・カスミーは、鄧力群に会ったとされる十七日に先立って、ブルハンに以下のような手紙を出していました。

敬愛なるブルハン様

あなたから二通の手紙を受け取りましたが、返事をせず申し訳ありませんでした。私たちは元気に過ごしています。あなたが元気で、楽しく過ごされることを望んでおります。あなたは山で療養していると聞いております。それで『旅順口』という本を思い出しました。私は山には行っていません。内地の問題が私たちの注意を引いています。情報によりますと、中央の事態が非常に迅速に展開しているようです。状況からすると、事態が発展して、私たちは近い将来会う可能性があります。いずれにせよ、私はよい時期に、あなたと会うことを期待しています。

私はあなたたちの最近の新聞を読みました。太平洋集団についての社説は良かったです。私たちの最近（七月）の新聞はだいたい悪くありません。しかし、私は幾つかの出来事で〝古い奴ら〟の奇怪さを感じています。私は〝売国奴〟の活動を絶対に許さないと思います。

あなたが元気で、仕事が順調にいくことを願っております。（政府の上の人々に）家族と友人らに宜しく伝えてください。

友人のアフメットジャン・カスミー

敬具

一九四九年八月十六日

このアフメットジャンの手紙を、『新疆五十年』のウイグル語版と、中国語版を比較して読みました。ウイグル語と中国語の手紙の写真を掲載します。ウイグル語版では、儀礼

ئەخمەتجان قاسىمىدىن ماڭا بىر پارچە خەت كەلدى.

ھۆرمەتلىك بۇرھان ئەپەندى،

سىزدىن ئىككى پارچە خەت تاپشۇرۇۋالدىم، بىراق جاۋاپ خەت يازالمىدىم، ئەپۇ قىلىڭ!

بىز سالامەت تۇردۇق، سىزگە سالامەتلىك، شات ـ خۇراملىق تىلەيمەن.

سىزنىڭ تاغدا دەم ئېلىۋاتقانلىقىڭىزنى ئاڭلىدىم، شۇڭا ھېلىقى «لۈشۈنكۈ» (پورت ئاتۇر) دېگەن كىتاب ئېسىمگە كەلدى. مەن تاغقا بارمىدىم. ھازىر ئىچكىرىنىڭ مەسىلىسى بىزنىڭ دىققىتىمىزنى قوزغاۋاتسا كېرەك. خەۋەرلەردىن قارىغاندا، مەركەزدىكى ئىشلار ئىنتايىن تېز تەرەققى قىلىۋېتىپتۇ. ئەھۋالدىن قارىغاندا، ۋەقەنىڭ تەرەققىياتى بىزنى پات ئارىدا يۈز كۆرۈشتۈرىدىغاندەك تۇرىدۇ، قىسقىسى، مەن پات ئارىدا ياخشى شارائىتتا سىز بىلەن يۈز كۆرۈشۈشنى ئارزۇ قىلىمەن.

مەن سىلەرنىڭ يېقىنقى گېزىتلىرىڭلارنى كۆردۈم. تىنچ ئوكيان گۇرۇھى [illegible] ناھايىتى ياخشى بولۇپتۇ. ئومۇمەن ئېيتقاندا، سىلەرنىڭ يېقىنقى (7 ـ ئايدىكى) گېزىتلىرىڭلار يامان ئەمەس. لېكىن، مەن بەزى ئىشلاردا "كونا ئەبلەخلەر"دىن ئەجەبلەنمەي تۇرالمايمەن. مەن "ۋەتەن ساتقۇچ"لۇق ھەركەتلەرگە ھەرگىز يول قويماسلىق كېرەك، دەپ قارايمەن.

خىزمىتىڭىزنىڭ ئوڭۇشلۇق، تېنىڭىزنىڭ سالامەت بولۇشىنى تىلەيمەن، ئۆي ئىچىدىكىلەرگە ۋە دوستلارغا سالام ئېيتارسىز.

ھۆرمەت بىلەن

دوستىڭىز ئەخمەتجان قاسىمى

1949 ـ يىل 8 ـ ئاينىڭ 16 ـ كۈنى.

アフメットジャンからの手紙
ウイグル語バージョン

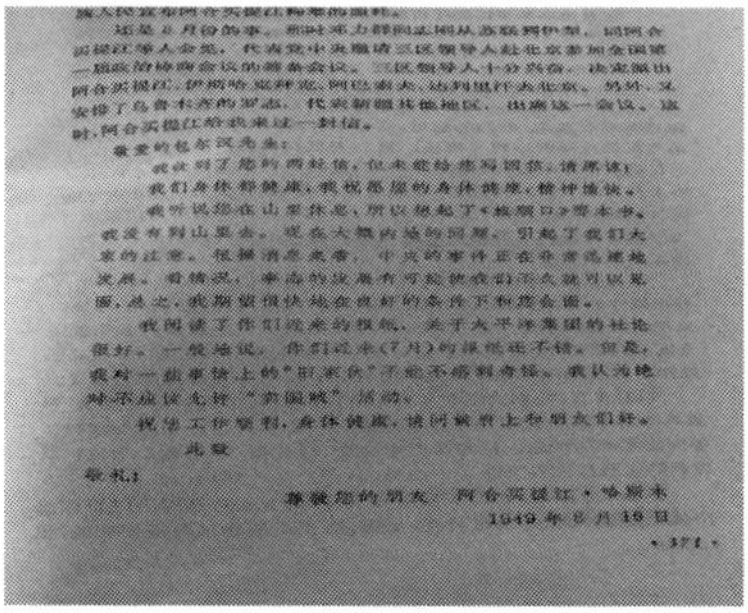

[illegible]

尊敬的包尔汉先生：

[illegible]

此致

敬礼！

尊敬您的朋友 阿合买提江·哈斯木

1949年8月19日

·371·

アフメットジャンからの手紙
中国語語バージョン

的表現は最小限しか使われていませんが、中国語版では最高の礼を尽くした丁寧な漢語に置き換えられていました。またいくつかの単語が、原本のウイグル語版にはない、中国語版で新たに付け加えられたものもありました。

この手紙の中で筆者が注目したのは、「旅順口」と「売国奴」という二つの言葉です。アフメットジャンが『旅順口』という本をなぜ取り上げたのかは分かりませんが、「旅順口」といえば、日露戦争における日本軍の封鎖作戦で知られます。封鎖とは兵を入れないことです。

アフメットジャンが北京で予定されていた毛沢東との「会談」で、東トルキスタンの代表として主張しようとしたことの一つに「解放軍の新疆進軍拒否」があったと、ウイグル人歴史学者のネビジャン・トルソンが『ウイグル通史　十一巻　スターリンと毛の団結：アフメットジャン死後の大占領』の中で述べています。ネビジャン・トルソンは、鄧力群がイリから毛沢東に送った全ての電報を分析して、こう指摘します。

アフメットジャン・カスミーは、中国共産党の軍が新疆に進軍した場合、軍の抗戦と人民の抵抗運動に遭うことを指摘し、イリ側が軍事活動を自ら展開して新疆を解放する必要を指していることを知ることができる。アフメットジャンはソ連側の言う、中国が新疆を早く占拠すべきとの意見に反対していた。これは同時に中国共産党の希望通りにいかないということであった。

ネビジャン・トルソンは、鄧力群の電報だけでなく、当時の証言者・記者や家族の膨大な記録も集め、それらの分析を通して、アフメットジャンたちの要求が「解放軍は新疆に入るべきではない」というものだったと結論しています。アフメットジャンは、ソ連が中国共産党に対して軍事的な協力や新疆占拠を早める指示などを行なっていることを知っていたと資料から読み取れます。

しかしアフメットジャンは、共産党と国民党がブルハンを通じて水面下で手を結んでいたことは知らなかった、あるいは確証を得ていなかったことが、彼のブルハンへの手紙からも読み取れます。

アフメットジャンの死を聞かされた後で彼宛に手紙を書き、その死を知らなかったかのように装うなど、共産党に尽くしてきたブルハンですが、その後の人生を順風満帆に送れたわけではありません。彼の晩年に起きた文化大革命で、彼は過去のソ連との関係が問題視され、「外国の傀儡逆徒」として公衆の面前で批判され、七十二歳から八十三歳までの約十年を牢獄で過ごしました。共産党に忠誠を誓い「中国人」として懸命に働いてきた彼にとって、中国人として認められなかったことが一番辛いことでした。そのことを、彼の娘が『新疆歴史資料』第四十四号でこう記していました。

父に向かってお前は中国人じゃないと批判した紅衛兵に対し、父は「私は中国人だ」と叫んだ。父は盛世才の監獄で肉体的に苦しめられ、文革の監獄で精神的に苦しめられた。八十を過ぎた父にはさぞ辛かっただろう。父は幾度も毛沢東や周恩来そして共産党中央に手紙を書き、無実を訴えたが、何の音沙汰もなかった。父が母に出した洗濯物の服のポケットから、〝冤罪〟と書かれた紙が出てきたことがあった。

ブルハンは八十三歳の時に文革が終わり、釈放されました。それから毎年八月二十七日になると、北京からイリを訪れ、アフメットジャンの墓参りをしました。

そしてアフメットジャンが亡くなったとされる日からちょうど四十年経った一九八九年八月二十七日、墓参りの予定の日に、ブルハンはあの世に旅立ちました。享年九十四。ブルハンの遺体は「ウイグル人」として、ウルムチに埋葬されました。偶然なのかそれとも歴史の悪戯か、あるいはブルハンが自らの意思でアフメットジャンの命日に後を追ったのか、といろいろ考えさせられます。

第六章　進むウイグル切り崩し工作

「五十一人派座談会」とは何か

一九五四年、中国人民解放軍の一部が武装したまま生産部隊にもなったのが、新疆生産建設兵団です。

新疆生産建設兵団の設立に至った要因として、「新疆の特殊な社会的歴史的地理的環境により、中央政府は特殊な政策を考慮しなければならなかった」、「内戦が終わり、数百万の解放軍を如何にして縮小するか」、「駐新疆解放軍が大生産運動を行うための必然的帰結」、「片手に鍬を、片手に銃を持って、分裂主義と国境外の侵略者に同時に対処するため」などが挙げられます。

新疆生産建設兵団設立の歴史的偶然性について書かれた論文に「新疆生産建設兵団的若

干歴史問題思考」があります。これは新疆生産建設兵団資料編纂所の陳平によるものです。彼は論文の中でこう記していました。

新疆生産建設兵団設立の偶然性については、学者がそれを論じることは滅多にないが、論じる必要がある。王震主席率いる中国共産党分局は東トルキスタン分裂思想を警戒し、少数民族出身幹部のそうした考えを厳しく批判していた。一九五〇年、国慶節一周年を迎え、中央領導らが新疆代表団を歓迎する宴席上で、ある人物が公然と、「ウイグルスタン共和国に乾杯」と言った。別の人物は、「中国が成立した当初、ソ連型の政策に傾いており、ソ連のような連合政府を提案していことを思い起こす」と発言した。祖国を分離する東トルキスタン（東突）派である。一九五一年二月、イリで秘密裏に「五十一人知識分子座談会」が開かれ、新疆におけるウイグルスタン共和国設立について討論が行われた。その具体的内容は以下の通りである。

①新疆にウイグルスタン共和国を設立する

②中華人民共和国の国章の下にウイグルスタン共和国の国章を加える
③新疆解放の大役を終えた人民解放軍は本土に戻り、新疆の治安は民族軍が担うべきだ
④国連の中華人民共和国全権代表の下にウイグルスタン共和国の監察官を一名置くべきだ

これは中国共産党にとって「祖国の統一に関わる極めて重要な問題」であった。王震はこのような祖国統一を脅かす大問題については態度を明確にし、新中国の新疆における政権は、強大な軍隊によって保全しなければならないことを再確認した。新疆には複雑な要素が多々あるが、特に上層部の分裂思想に対しては、強大な軍事力がなければ対処できない。これが新疆生産建設兵団設立の、歴史的偶然性である。

実は、ここに書かれた新疆生産建設兵団建設の最も重要な偶然要素とされた「五十一人派座談会」は、陳平が書いているような「秘密裏」に開かれた会議ではありませんでした。そのことは、ケヒリマン・ホジャムベルディが書いた歴史書やラジオ・フリー・アジアが

報道している歴史シリーズの公式記録で証明することができます。「東トルキスタン分裂主義を抑えて祖国の統一を維持するためには、強大で特殊な能力を有する軍隊が必須であり、新中国の政権は強大な軍隊を保全する」必要性があった中で、「五十一人派座談会」が開催されたことを、それらの記録は裏付けているのです。

さて、この「五十一人派座談会」とは一体何だったのでしょうか。その詳細を明らかにしていきましょう。

「五十一人派座談会」が開かれた背景

一九五一年三月、中国共産党中央委員会が「民族区域自治」についての意見募集という名目で、ウイグル人の政治リーダーらに「民族区域自治に関する試作的実施企画」という文書と中国共産党西北民族委員会作成の「民族区域自治に関する試作的実施企画に関する意見募集調査プログラム」を送りました。

イリのウイグル人担当幹部が文書を受け取り、一九五一年三月四日にイリ市の共産党本部図書館大ホールで会議が開かれた。会議にはウイグル人やカザフ人ら六十名が参加し、意見を述べた。彼らはそれらの意見に基づいて十二条（十五条とも言われている）の要望書を作成し、会議に参加したうちの五十一名が署名した。一九五一年に開かれた会議であり、五十一人が署名したことから、この会議は「五十一人派座談会」と呼ばれるようになった。

（エセット・スライマン著『20世紀ウイグルの歴史語られなかった物語シリーズ1　アブドレヒム・エイサとウイグルスタンの夢』タクラマカン出版）

会議で討論された主要な問題は二つあり、一つは「ウイグルスタンの主権と独立を要求する」、もう一つは「ソ連が各民族の連合政府であり、連邦制を採用しているのと同様、ウイグルスタンを中国『連合政府』の一政府とすることを要求する」。この二点が討論されましたが、多数決の結果、「ウイグルスタンの独立は今の状況では難しいとの判断から、中国『連合政府』の一政府として約束された政治身分を要求する」こととなりました。

この会議の詳細に関しては、その後全ての資料が中国共産党に没収されてしまったので、これ以上の情報はないとされています。王震がこの会議に参加した人々を呼び出し、一九五一年の四月十三日から十九日までウルムチ人民広場にあるビルで拡大会議を開きました。そこで王震は、「君たちの要望は、祖国を分裂させ、民族団結を破壊する、非常に間違った行為である」と激しく批判しました。

王震が激怒した理由がもう一つあります。東トルキスタン民族軍のトップらが、東トルキスタン民族軍の軍服と月と星をかたどった軍のメダルをつけて参加したことでした。前述の陳平の論文に、王震が彼らに向かって「その月と星のメダルは何だ。どういう意味があるのか。朝鮮戦争の敵であるトルコ兵の捕虜がつけていたものと同じではないか」と激怒した様子が書かれています。

東トルキスタンの主なリーダーらが「飛行機事故」で亡くなった後も、その後の指導者層は、中国共産党が約束した「連合政府」制度の実施を確かに望んでいました。

中国政府は「新疆和平解放」において「各民族は共産党と新しい中国を待っていた」と主張していますが、上記の話は、中国政府の主張が正しいものではなかったことを証明すると同時に、中国共産党が一貫して約束してきた「連合政府」が口先だけのものであったこと、東トルキスタン共和国の人々はその約束を信じて中国共産党を受け入れ、応援し、国民党軍と戦ってきたが、共産党の戦略に乗せられたことに過ぎなかったことが、やっと分かってきたことを示しています。その深い失望と悔しさは、さまざまな形で私たちの代に伝わっています。

中国共産党はそれまで明言しませんでしたが、一九五三年にスターリンが死ぬと、「ソ連と違った制度で国の形を作り、少数民族の地域にはソ連と違う民族自治を実施する」ことを打ち出しました。即ち「連合政府」ではなく「民族区域自治」政策がとられ、新疆の運命が決定します。

一九二二年に中国共産党第二次大会で明言された「中国共産党は、マルクスの民族問題の基本に則って、モンゴル・チベット・新疆においてソ連式の連邦国制度を取り入れ、連合政府を作ることにより中国の民族問題を解決する」との宣言も、一九三一年十一月に中華ソビエト第一次代表大会で憲法大綱に明記した「中華ソビエト政権は中国領の各民族に対して民族自決権を認める」という条文さえも、何の意味もなかったことが証明されたのです。

毛沢東の消えた「連合政府論」

新疆生産建設兵団の設立背景を、当時の諸要素の中で正しく理解することは、兵団の今の様々な顔と役割を理解する上で不可欠であると考えています。ここで、「和平解放」前後に起きた、ウイグル人を始めとするテュルク系のムスリムが中国共産党に根本的な不信感を持つに至った、核心的な出来事を二つ紹介します。

その一つが、毛沢東が「共産党と国民党との違い」を訴えた、有名な「連合政府論」です。「連合政府論」については、ラジオ・フリー・アジアが二〇二一年九月二日に「大いなる詐欺：中国共産党は各民族に自決権を与えるとの約束を守らなかった」と題する歴史評論を報道しました。在米ウイグル人歴史学者のタラン・ウイグルとカザフスタン在住のウイグル人歴史・政治学者のケヒリマン・ホジャムベルディを取材した内容です。毛沢東の「連合政府論」を、この記事は要領よくまとめているので、その内容を紹介し、当時の状況を明らかにしましょう。

記者：中国共産党は最近、「中華民族共同体を強化することが、将来百年の栄光と発展に役立つ。中国共産党のこれまでの百年は、新疆の発展と新疆に住む各民族、即ちウイグル人を幸福にするための戦いであった。正に誇るべき歴史である」と発言している。中国共産党のこの百年の歴史は、彼らが言うように誇れる栄光の歴史だったのか。中国共産党は、各民族に約束した連合政府や民族自決権を守らなかった。中国共産党は何をもって栄光の歴史と言っているのか？

タラン・ウイグル：一九二一年七月の中国共産党創立時、「チベット・新疆・モンゴルの中国からの独立および各民族の自決権を認める」との方針を決め、内外に公表した。一九二二年六月十六日の中国共産党第二次大会において、「中国共産党は各民族の自決権を認め、連合政府制度により中国国内の民族問題を解決する」と宣言した。一九二八年、中国共産党はモスクワで第六次大会を開いた。その大会の宣言書に「私たちは各民族の独立と分離を認める。中国国内の全ての民族が独立すること、その民族の独立国家の建設を認めてこそ真の共産主義者である」とも書かれている。一九三一年、中国共産党は江西省で中華ソビエト共和国政府を設立した。その憲法の第十四条に、各民族は独立する権利と自決権を有する、とある。つまり、一九四九年の中華人民共和国の土台になった中華ソビエト共和国の憲法に「中国共産党は各民族の自決権を認める」と定めているのである。中国共産党が民族自決権を盛んに宣伝したのは一九三五年と一九三六年である。一九三六年に毛沢東は長征の途中で回族の地域を通った。この時彼は、「中国の回族には自分たちの政権を樹立する権利がある」とした「回族への宣言」を発表した。さらに、毛沢東は一九四五年に発表した「連合政府論」でも、各民族の自決権に言及している。一九四七年の十月の「解放軍宣言」においても「連合政府を樹立するために戦う」と明言している。中国共産党は国民党と戦いつつ、共産党政権の樹立を画策している間は、国民党との違いを明確にするために「民族自決権と連合政府論」を訴えていた。しかし、一九四九年十月以降は、過去三十年間力説してきた「民族自決権と連合政府論」を否定し、約束を果たさなかった。

ケヒリマン・ホジャムベルディ：中国共産党が約束を守らないのは、共産党は嘘つきであるという本質の表れでもある。中国共産党は弱い時にした約束を、強くなると果さない政治を行ってきたが、その一つの証拠でもある。東トルキスタン民族軍と人民の圧力がなければ、今の形ばかりの自治区さえ与えられなかったであろう。後に共産党の約束について言及した人々だけでなく、意見や要望を述べただけの人々も、弾圧され、処刑されてしまった。

タラン・ウイグル：今の中国共産党は強くなり、「中華民族共同体」を謳っている。全ての民族を同化する道を進んでいる。毛沢東は抗日戦争末期に、日本降伏後の中国に連合政府ができるとして、四五年四月二十四日の中国共産党第七次全国代表大会で有名な『連合政府論』演説を行い、連合政府に参加する政治主体は少数民族であると告げた。更に『孫文先生は一九二四年の中国国民党第一回全国代表大会で、中国の民族は一律平等であると定めた。中国共産党は孫文先生の民族政策に完全に同意する。この政策を実現し、各少数民族を助けるために我々は戦わなくてはならない』とも発言したが、それらは全て嘘だった。

ラジオ・フリー・アジアのこの記事は、東トルキスタン共和国のリーダーらが何故中国共産党を信頼し、手を組んだのか、その経緯も含めて語られています。日本のウイグル学者の一部は、「ウイグル人が一方的に連合政府に期待し、夢見ていた」としていますが、ウイグル人は根拠もなく、かってに夢を見ていたわけではありません。毛沢東を始め中国共産党の正式な方針と約束があったからです。

約束が果たされなかったために、ウイグル人には「裏切られた」「騙された」という思いがあり、それが共産党に反発する原因になりました。歴史的に重大な「果たされなかった約束」や数々の「嘘」が積み重なり、対立と反発が起き、今に至っています。その点を理解することが、歴史の解明に、そして新疆生産建設兵団の設立を分析する上で重要であると考えています。

アブドレヒム・エイサの死

「五十一人派座談会」では共産党中央の要望に応える形で、これまでの「約束」を踏まえて自分達の提案を要望書にしましたが、王震は激怒しました。一九五一年四月十三日から四月十九日まで開かれた中国共産党新疆分局の拡大会議で、王震は要望書の内容を批判し、署名した五十一人の民族幹部たちは「反革命分子」「国家分裂主義者」と批判されました。

セイプディン・エズズは彼の回顧録第三巻において、「本日の拡大会議で、民族幹部に対する批判の言葉は度を越えている」と発言したことを明かし、「王震たちは私の意見に賛成したように見えたが、会議はその後も同じような雰囲気で継続した」と書いています。

セイプディン・エズズが「この会議は中国共産党西北分局の意見募集に応える形で開かれており、意見を言うこと自体は間違っていない。間違った意見だと言うなら、そのことを説明すべき」と説得しても、結局受け入れられなかったことがわかります。そしてこの「五十一人派座談会」で要望書に署名したウイグルの知識人たちは、その後中国共産党に目を付けられ、一九五七年に始まった「反地方民族主義」運動で攻撃の対象になりました。署名者の一人、アブドレヒム・エイサはその象徴的な存在であると言えるでしょう。

アブドレヒム・エイサは一九一〇年の生まれで、その祖先は今のカザフスタン・アルマトイのウイグル地区にルーツがあり、十九世紀後半にアクス地区からイリに移って来ました。資産家で、イリ・スルタンを経済的に支援した名家と言われています。アブドレヒム・エイサはモスクワの農業学院に在学していた一九二七年に、出身が「資産家」ということで、共産主義が支配する学校から追い出され、一九二八年に、イリのジャギスタイにある叔父の家に戻ります。一九三〇年にジャギスタイで教室を運営し、子どもたちを集めて教育を施しました。一九三四年に教室が六つに増え、学校となります。アブドレヒム・エイサは校長を務めました。一九三四年から一九四一年まで、彼はグルジャの民族教育の発展に大きく貢献します。一九四五年、彼も盛世才に逮捕されましたが、一九四六年にアフメットジャン・カスミーの仲介により釈放されました。アフメットジャン・カスミーは六月二十六日にアブドレヒム・エイサたちを飛行機で迎えに行き、イリに戻ったことが、マヒヌル・カスミーの本で確認できます。

アブドレヒム・エイサ（写真：RFA）

それ以降、アブドレヒム・エイサはアフメットジャン・カスミーの仕事を助ける存在であり続けました。一九四九年八月二十七日の「飛行機事故」、そして一九五一年の「五十一人派座談会」以降、アブドレヒム・

エイサは、中国共産党上層部が約束（ソ連型の連邦制共和国制度の実施）を果たすつもりが全くないことを明確に認識しました。

彼は中国共産党から「全国民族委員会副主席」の座を与えられ、北京へ異動になりました。「虎を住み慣れた山から離した」のです。中国共産党のこの手法はよく知られています。名ばかりの役職を与え、ウイグルで一定の影響力を持つ人物を、北京に呼び入れ飼い殺しにする作戦は今も行われています。

しかし、アブドレヒム・エイサは、その名ばかりの役職を辞職してイリに戻りました。そしてイリ地域のトップとして働き始めたのです。

一九五三年にスターリンが死に、一九五四年に中国共産党はウイグルに「民族区域自治」の準備委員会を設置し、ブルハンをトップに迎えました。「民族区域自治」はまず「下から上へ、小から大へ」の政策により、最初にウイグル人ではなく、カザフ人、キルギス人、モンゴル人の区域から民族自治の準備が始まったのです。

一九五四年四月二十日から二十一日まで、ウルムチの天山ホテルで「カザフ自治区域」設立のための会議が行われ、アブドレヒム・エイサは五十人いる委員会メンバーの一人として参加しました。彼はまたこの準備委員会のトップセブンの中に入った唯一のウイグル人でもありました。この会議でアブドレヒム・エイサは「北の三地域に設置されるカザフ自治区域において、イリにおけるウイグル人の立場はどうなるのか？　イリは行政的にカザフ自治区域の直接管理下にあるのか」と質問し、討論したことが知られています。

セイプディン・エズズは回顧録で、「私はイリ、タルバガタイ、アルタイの三地域をカザフ自治区域にすることに同意し、南のアトゥシをキルギス自治区域にすることを提案したが、ウイグル人幹部は反対した」と書いています。彼はアブドレヒム・エイサの名前は出していませんが、反発があったことを明らかにしています。

ウイグル人幹部らが反対したのは、ウイグルの各地に生産兵団の軍隊を配置した後、そこに民族区域自治を設定したことです。必ずしも人口比率が多い民族に自治州や自治県を設定したのではありません（一九四九年の時点では、カラシェヘルの人口はウイグル人が圧倒的多数だったにもかかわらず、人口の少ない回族の自治県となり、バインゴリンもウイグル人より少ないモンゴル人の自治州となった）。明らかに兵団の部隊を置いた地域に他の民族の自治区域を設置して、ウイグルを分断する傾向が見られたからです。

バインゴリン・モンゴル自治州においては、その傾向が特に強いものでした（バインゴリンの馬蘭地区は、後に解放軍の核実験基地として知られることになります）。ウイグルが新疆生産建設兵団や各民族区域自治に分断・分離されたことで、ウイグル人の不信感を生むことになりました。

アブドレヒム・エイサは中国共産党に危険人物として睨まれ、一九五七年に「地方民族主義者」として批判された後、一九五八年一月十八日、ウルムチのテンリタッグホテルの一室で、十カ所以上もナイフで刺されて死亡しているのが見つかりましたが、その翌日、「自殺」と断定されました。アフメットジャン・カスミーたちの「事故死」の後に残されたウイグル知識人の、運命の一端を物語る出来事でもあります。

国民党の「新疆省」において実現に至らなかったこと

清朝の支配下に入った東トルキスタンは一八八四年に「新疆省」になりましたが、植民地化を受け入れることはなく、抵抗運動が続いていました。一九一二年に清朝が滅び中国国民党が誕生し、「新疆省」の統治は中国国民党が受け継ぐ形になりましたが、抵抗運動は依然として続き、一九三三年と一九四四年の二回、主権を回復し、独立国家を樹立しました。「新疆問題」は中国国民党の当時から「頭痛の種」になっていました。中華民国はこの問題を解決するための措置を考えます。

中国国民党は清朝時代に設置された省を改編、行政機関を新設・廃止するなどし、その過程で「新疆問題」解決の糸口を探ろうとしました。彼らがこの時参考にしたのは、清朝末期の左宗棠《さそうとう》の時代に提唱された天山を境に新疆の土地を二つの省に分割する案でした（北を「北天山省」、南を「山南省」とする左宗棠の時代の計画は、実現には至らなかった）。

一九四四年十一月十二日、東トルキスタン共和国が建国され、国民党政権の新疆省支配を揺るがしました。一九四五年八月十五日、新疆省主席の呉忠信が蔣介石に、「新疆の四分割について」と題する報告書を送りました。呉忠信は報告書の中にこう記しています。

新疆を四分割する第一の理由は、新疆は四川省の四倍、浙江省の十六倍という中国最大の面積をもつ省であり、住民の民族成分が複雑である。

第二の理由は、新疆省の国境線は長く、多くの国々と接している上、中央からの距離が遠い。一番近いとされる酒泉からクムル（哈密）までの距離でさえ六百五十キロメートル離れていて、新疆省政府だけで管理統治することは難しい。

第三の理由は、今の状況（東トルキスタン共和国が勢いを増している）から判断すれば、国防のためにどんな犠牲を払ってでも新疆を分割するべきである。

呉忠信は新疆の、天山の北を「山北省（ウルムチが中心）」、天山の南を「山南省（クチャが中心）」、南新疆を「崑崙省（ヤルケンドが中心）」、新疆の東を「安西省（酒泉、クムルを含み、安西が中心）の四つに分割して管理し易くすることで、「漢族の入植と維持は難しい問題ではなくなる」とも指摘しています。国民党中央政府は呉忠信の提案を重要視し、蔣介石が張治中を新疆に派遣した時、実現可能性を検討することを命じました。

しかし一九四五年十月十七日、東トルキスタン側と国民党側はソ連の仲介により和平協議に入ったため、蔣介石は「新疆の分割統治案を一時的に保留することを決定」しました。分割案を検討していた張治中は、東トルキスタン側と第一回交渉を終えた十月二十四日、蔣介石に「イリの反乱鎮静後、状況を見て新疆の分割統治を判断すべきである。今は保留」と電報を打っていました。

ここで指摘しなければならないことは、「新疆の四分割統治」案は国民党内部の案であり、民に知らされておらず、民意が全く反映されていないということです。国民党の新疆分割統治案の中身を詳しく見ていくと、清朝時代につけられた「新たな領土」を意味する「新疆」の文字を消そうという意図があることが分かります。

東トルキスタンの人民は、清朝に押し付けられた「新疆」の名を拒否し続けていました。これは、一九三三年建国の「東トルキスタンイスラーム共和国」や一九四四年建国の「東トルキスタン共和国」の名称を見ても分かります。

国民党側が「新疆省」の名称を変更しようとしたのは、どういう意図によるものだったのでしょうか。それは、「新疆」という名には新たに統治された土地、植民地という意味があり、「新疆省」の住民に、「昔は独立した自由な人々だったのに、中国の新たな植民地にされてしまった」と意識させないようにしたかったのだと思われます。

当時、イリで発行されていた新聞「革命的東トルキスタン」は、一九四八年、張治中の南京での記者会見の発言を引用した形で次のように書いています。

張治中は記者会見で、「新疆という名称には侵略の意味が含まれる。この名称を変更しても特に害はないだろう。我々がこの土地を侵略して植民地にしたかのように常に意識させてしまう名称を、もっと柔らかい言葉に変えてみたらどうだろう」と提案した。この発言は、私たち東トルキスタンの人民が植民地支配の下に置かれている現実を忘れさせよう、という目論見があるのであろう。彼が天山省や崑崙省などの名称を提案しているのは、植民地支配をより巧みに行うためであろう。

共産党の「民族区域自治」政策

一九四九年、共産党による「新疆和平解放」が思惑通り実現し、人民解放軍は戦わずに新疆に進軍することができました。毛沢東が恐れていた「民衆が一斉蜂起して解放軍を追い出す」ことは避けられましたが、単発的な抵抗はありました。北のアルタイ地域でオスマン・バトゥル、東のクムル地域でヨルワスが抵抗し、南のカシュガルやホータンなどの地域でも抵抗運動は続きました。

陳平が前記の論文で「一九四九年十二月二十日に民族軍を中国人民解放軍第五軍に編入し、そのリーダーらを新疆省トップの地位につけたが、東トルキスタンの分裂思想は消えることはなかった」と記しているように、南のホータンでは、「東トルキスタンの独立と主権を取り戻す勢力」による抵抗が力を増していました。指導者は、かつての東トルキスタンイスラーム共和国の創設者で、ウイグルの国士と呼ばれるブグラです。

共産党政権は「民族区域自治の実施により民族団結と各民族の共同発展」の実現を約しました。一九四九年九月、「中華人民政治協商会議共同綱領」が採択され、「区域自治政策」が決定されました。一九五二年、「中華人民共和国区域自治実施綱領」により、「区域自治政策」が制度化されました。一九五四年、「中華人民共和国憲法」で、「職務執行において、現地民族の言語と文字を一種あるいは数種使用できる」「政治指導者は現地の主要民族から選出される」「国家軍事制度に従い公安部隊を組織できる」「国家の経済制度と経済建設計画の下で、自由に自治区の地方経済事業を行うことができる」「民族幹部を養成できる」

「現地民族の言語と文字を使用し、各民族の実情にあった方法で各民族の文化教育事業を行うことができる」などの自治権が明確に保障されたのです。

国民党が提唱した新疆省の分割統治は、実現に至りませんでした。しかし、共産党は新疆の分割を、「新疆ウイグル自治区」という枠組み内で実現させたのです。その結果、新疆ウイグル自治区は五つの自治州と六つの自治県に分けられました。

このような「分割」に、ウイグル人側は難色を示し、反発していました。中国や日本の一部の学者は論文などで、当時のウイグル人側の反発を「ウイグル族は他の少数民族に自治州や自治県が与えられたことに反対した」と解説しています。しかしこのような見方は間違っています。東トルキスタン共和国の人々は、テュルク系ムスリムの共同体（兄弟）としてのウイグル人、カザフ人、ウズベク人、タタール人などでした。一九二〇年代、トルキスタンが西と東に分かれて西トルキスタンがソ連領になり、テュルク系のウズベク人、タタール人、キルギス人、カザフ人は、それぞれ独立して固有の土地を与えられました。

この「分離」を、アラブ・トルコ世界は非常に懸念していました。何故ならアラブ半島は人種・言語・宗教が同じでありながら、西欧列強によって小さな国々に分断され、一枚岩の団結を失っただけではなく、権力と土地をめぐって同じアラブ人同士が争い、イスラーム の衰退をもたらしたと考えられているからでした。イスラーム世界を束ねていた預言者の末裔、ハシム家がイスラームの聖地メッカから追い出され、一地方豪族のサウジ家がメッカに入り「サウジアラビア（サウジ家のアラビア）」が誕生しました。アラビア半島は身内同士の争いの海に入ってしまったのです。

同じような「分解」が今度はトルキスタンに起きるのでは、との懸念から、ウイグル人は「新疆ウイグル自治区」を「自治州・自治県」に割り当てることに反対したのです。「新疆ウイグル自治区」の各民族に与えられた「五つの自治州と六つの自治県」は、ウイグル人が懸念した通り、民族間が疎遠となり、各民族の強い自己主張をもたらしました。与えられた土地をその民族の縄張りとして守ろうとし、他の民族をそこから排除する動きにつながりました。

ソ連崩壊後、中央アジアに各民族の独立国家が誕生しましたが、彼らは「新疆ウイグル自治区」内にある自治州や自治県とだけ、経済活動や文化交流などの繋がりを持ちました。ウイグル人は中央アジアの兄弟民族の国々と中国の漢民族との間の「友好」の間で冷遇され、疎外されるようになったのです。

ウイグル人側から見た「新疆省」と「民族区域自治」

東トルキスタン共和国リーダーたちが遭遇した「飛行機事故」を免れ、たった一人残されたリーダーのセイプディン・エズズは回顧録にこう記しています。

　一九五四年初め、私は北京で自治についての討論に参加したが、私を含め、他の民族区域から来た人々からの厳しい意見が目立った。内モンゴルから来た人々は、中国共産党第六次大会第六座談会の決定を思い起こすように提起した。李維漢（中華人民共和国早期リーダーの一人）らは、その決定は当時の情勢下でなされたものであり、後に却下されていると主張した。中国はソ連と違う、ソ連の少数民族は五十パーセント～六十パーセントだが、中国はわずか六パーセント、この異なる状況を出発点にしなければならない、と譲らなかった。私たちは中央の指針に従い、新疆で自治の方針を決め、上から下へと組織的工作に着手した。

この内容から、中国にいるモンゴル人などの他の民族も、一九五四年の時点で「連合政府」の約束を果たすよう、中国共産党に要求をしていることが分かります。

ウイルソン・センターに保存されている一九五八年二月五日付のソ連共産党が発表した「中国における地方民族主義者への弾圧について」という報告書にはこう書かれています。

中華人民共和国が建国されるまで、中国共産党は連合政府を作ると宣言してきた。一九四五年、延安で開催された第七次大会で決定された方針では、中国共産党は今後とも、独立した自由で民主的な複数の国を統合した連合政府のために戦う、と決定していた。しかし、革命が勝利を収めてから、中国共産党は連合政府制度の話をしなくなってしまった。

「新疆和平解放」は一見、成功したかに見えますが、一九五〇年代から起きている東トルキスタンの各民族の武装抵抗運動をはじめ、知識人や政治リーダーらの抗議と戦いは止まりませんでした。「新疆和平解放」に導いた「共産党の嘘と陰謀」の真相が徐々に明らかになり、人民の不信と反感は歴史の怨念として根深く残りました。そのことを予期して設置された「新疆生産建設兵団」は、問題を抑えることはできても、根本的に解決することは今後もできないでしょう。

現在、ウイグル人は「イスラーム過激派のウイルスに感染したテロリストだ」として中国共産党の「再教育の対象」になっています。しかしその中国は、国際社会において、「ジェノサイド国家」の烙印を押されることになりました。中国にとって、嘘と陰謀でもたらした「新疆和平解放」の代償は大きいものです。その証である「新疆生産建設兵団」は、欧米諸国を中心に世界から「ジェノサイドと強制労働に関わっている」として制裁を受けています。

今のウイグルと中国を正しく見るためにも、それらの歴史的な背景を正しく知ることは重要です。ものごとを「善と悪」「敵と味方」という視点で見るのではなく、歴史的事実を俯瞰することで、今自分自身の身に起きていることを正しく理解し、記録し、将来に繋げたいと思います。

第七章　文革時代の兵団解消と復活

「文化大革命」時代と新疆生産建設兵団の解消

それまで「順調」に中国共産党の期待に応えてきた新疆生産建設兵団でしたが、文化大革命が始まると、内部の問題点が露わになり、闘争が始まりました。武器を持つ彼らが手に負えなくなることを恐れた中国共産党は、一九七五年三月二十五日、以下の通知を出しました。

中共新疆ウイグル自治区委員会　新疆軍区委員会へ

（前略）新疆軍区生産建設兵団が組織されて二十年経つが、各方面において大きな業績を残した。新疆地区の社会主義革命と建設に多大なる貢献をし、新疆を保護防衛する重要な力となった。兵団の体質を改造し、党の一元的指導を強化することは、新疆地区の社会主義革命と建設を加速させ、各民族人民の団結を増進し、反修正主義闘争を強化し、西北の辺防を確固たるものにする上で、重要な意味を持つ。

この通知により、新疆生産建設兵団はあえなく解消され、農墾開拓団として新疆ウイグル自治区農墾総局が所管する形になりました。

新疆生産建設兵団史編纂所の陳平の論文「新疆生産建設兵団に関する若干の歴史問題を考察する思考」に基づいて、兵団の解消理由を以下のようにまとめることができます。

①文革の厳重破壊により階級闘争が主となり、開墾が否定された。

②文革中、兵団は内部で武力闘争を起こしただけではなく、長期にわたり地方の武装闘争に加わった。文革中党中央が兵団に出した「十二条」を歪曲し、党が武力行使を指揮するという根本原則に反し、〝石河子一・二六事件〟を起こした。また、地方の闘争に参入し、新疆に混乱をもたらした。建国以来新疆各民族が抱いていた良好

な印象を兵団が破壊した。

③文革が行われた十年、兵団の経済は崩壊直前まで悪化し、国家からの補助が必要となり、国家の重荷になってしまった。

まず、①についてその内容を解釈してみます。

一九五四年から兵団は全国から漢族を入植させていました。共産党の人民解放軍を離籍した元軍人をはじめ、全国から集められた犯罪者、食い扶持を得るために流れてきた盲流と言われる人々などです。一九六〇年代に入ると中国とソ連の蜜月が終わりを迎え、中ソ間の緊張が高まりました。一九六二年春夏にかけて、イリの多数の住民が国境を越えてソ連領内に逃げる事件が起きました。そこで中央軍事委員会は一九六四年から一九六六年にかけて、三万四千人の軍人を内地から兵団に新たに加入させました。

同じ時期、「大躍進」政策で経済が後退し、全国で多くの青年が職に就けないという問題が出現しました。中国語で彼らのことを「知青」（知識青年の略称）と呼びますが、この時も王震は「兵団は軍隊と同様であり、軍服が支給される。十六歳未満の者は新疆の技術学校で学べる。卒業後は上海に帰ることも、新疆で働くことも可能」と魅力的な嘘広告を出し、彼らを「辺疆を守る軍人」になるよう勧誘しました。

福利厚生の充実した解放軍に入ることは、当時の青年たちの夢でした。このとき「上海だけで九万七千人、北京、天津、武漢、浙江、江蘇省を入れると十二万七千人が集まった」といいます。そして、一九五四年には十七万五千人だった兵団の人口は、一九六六年には百四十八万五千人まで膨れ上がりました。

兵団に入った「知青」は、労働や生活で想像以上の困苦に直面しました。「土の穴に住み、白いご飯と肉が食べられるのは一年に一回」だったといいます。当時兵団には、「知青」だけでなく、全国から労働改造のために集められた「右派分子」や犯罪者、兵団員の結婚相手として内地から集められた売春婦などがいました。このため、兵団内で身分や出自、所属の違いより多くの摩擦が生じていたのです。

解放軍から兵団に転職した軍人は他の人々を見下し、また当時の兵団内で最も裕福と言われていた旧国民党軍の兵士に対しても敵意がありました。他の人たちにも、思っていたことと現実との違いから生じた不満がありました。そういう背景から文革の混乱に乗じた形で、兵団内で「造反派」と「保守派」に分かれて闘争が起き、それで農業や開墾どころではなくなっていったのでしょう。

次に②についてですが、兵団が起こした〝石河子一・二六事件〟の発端は、兵団上層部の権力争いに起因すると言われています。一九七六年一月二十六日、石河子の兵団農学院に集まった兵団内「造反派」の石造聯総と兵団内「保守派」の〝八野（八一野戦軍）〟が衝突、互いに銃を発砲し、「二十七名が死亡、七十八人が負傷」するという、中国を震撼させる事件が起きました。この事件は「文革第一銃声」とも呼ばれますが、死亡者数や負傷者数は資料によって異なります。周恩来は〝八野〟に解散命令を出しましたが、命令が実行されなかったことも知られていて、兵団の内部が如何に混乱していたかを垣間見ることができます。

最後に③についてですが、文化大革命期に入ると兵団は、毛沢東のいう「生産隊、戦闘隊、工作隊」から「生産隊と工作隊」を除き、内部紛争の戦闘隊に徹するようになりました。兵団の事業は深刻な影響を受け、生産が下降し続けました。文革の二年目に、兵団は初めて損失を出したのです。

「一九六六年の利益が一・一三億元だったのに対し、一九七四年の損失は一・一三億元である。人口は七十七万人増加しているが、穀物総産量は七・二億キログラムから五・二五億キログラムに減少した。一九六七年から一九七四年まで兵団は国家からの補助で成り立っていたが、その額は累計五・八六億元に達した」

この報告書が中国中央に届けられた後、一九七五年一月二十五日に鄧小平が『軍隊を整理整頓せよ』の講話を発表し、各地の軍隊を整理する動きが始まりました。具体的には、兵団が軍籍から外され、地元の農墾局に任せられる形で解消されたのです。

メリケ・ズヤウドンの死

筆者がメリケ・ズヤウドンの名前を知ったのは、まだ幼い時のことです。母は私に、彼女が書いた詩が歌になった「タリムの歌」「雲雀たち」「あなたを想う」などを教えてくれました。ウイグルでは誰もが知っていて、誰からも愛されている詩です。母は、作者は亡くなったとも話していました。幼い私は、ずいぶん昔の人だからと受け取りました。

その歌詞はとても美しく、書き写して覚えました。上海の大学生時代に機会があれば歌ったりもしていました。

大人になってメリケ・ズヤウドンの名を聞いたのは、ラジオ・フリー・アジアによる二〇一三年三月六日の放送「メリケ・ズヤウドンの死に隠された秘密（一）」を聞いたときでした。そして翌日放送された「メリケ・ズヤウドンの死に隠された秘密（二）」で、メリケ・ズヤウドンが一九三三年建国の東トルキスタンイスラーム共和国のトップを務めたホージャ・ニヤズ・ハージの孫娘であること、そして詩人として、新疆芸術団の名司会として人々に愛されていた彼女が、文革時代にその出自ゆえに攻撃の対象となり、新疆日報社の裏通りの印刷所で掃除婦にさせられていたこと、そして一九七〇年六月二十二日に悲惨な死を遂げたことなどを知りました。しかし死の原因について報道では触れられませんでした。

そして二〇一四年十月二十九日のラジオ・フリー・アジアの放送「ウイグルの偉大な音楽家ムサジャン・ローズ〝ホージャ・ニヤズ・ハージの孫娘メリケ・ズヤウドンは無念の死を遂げた〟」で、さらに詳しい話を聞くことができました。長年新疆芸術団で指導して

メリケ・ズヤウドン（写真：RFA）

きたムサジャン・ローズ（当時九十歳）はこう話します。

「メリケは愛される性格で、司会者としても優れていた。彼女は東トルキスタンイスラーム共和国のリーダーの孫娘だったため、文革中に引っ張り出され、批判の対象にされた。そして新疆芸術団のスルタン・マムットと共に新疆日報に左遷されたが、後にスルタン・マムットは死んだ。メリケ・ズヤウドンも、自殺に見せかけるよう紙屑などが首に巻かれた遺体を木に上げられたが、偽装工作が間に合わず太い枝の上に置かれた状況で発見されたことを聞いた。二人とも自殺とされた。これは陰謀だと思っている。私の家は彼女の家の真向かいだった。メリケの父のズヤウドンと私は仲がよかった。メリケは私の娘と同い年で、いつも私の家で二人で遊んでいた。私は彼女を自分の娘のように可愛がっていた。文革時代は批判を恐れて何も言えなかったが、彼女の父は法に訴えた。犯人はウイグル人と漢族であると告げられたそうだが、事件後すぐに別のところに移転させられてしまった。後にメリケの母が死に、そしてメリケの父のズヤウドンも死んだと聞いた。メリケは良い娘だった。無念の死だった」

ムサジャン・ローズのインタビューを通して、私はメリケ・ズヤウドンの死が「自殺」と処理されたこと、法に訴えても詳細は不明のまま、家族が何処かに移転させられたことを知り、疑問に思いました。何故なら、文革中の冤罪と死が文革後の再審で名誉回復されたケースがたくさんありますが、メリケ・ズヤウドンの名前は、文革後全く出てこなかったからです。

後に私はウイグルアカデミーのウェブサイトで関連する文章を見つけました。「ああ、惜しいよ！　メリケよ」と題するこの文章を書いたのは、長年にわたって新疆日報に務め、後にオーストラリアに移住したウイグル人ジャーナリストのセリメ・カマルです。

一九七二年十一月、ウルムチにやってきた私は、多くの人々にこっそりとメリケのことを尋ねた。ある人は彼女を惜しみ、ある人は沈黙した。しかし、彼女を悪く言う人は一人もいなかった。私は新疆日報に勤めるようになり、その裏の印刷所で働くクチャ出身のパティーマさんと知り合った。そしてパティーマさんからメリケを襲った悲劇を聞くことになった。メリケはとても綺麗な娘だったという。その時印刷所は気の狂った兵士たちに占拠され、彼女は兵士たちの監視下に置かれおり、毎日兵士たちの部屋や事務室の掃除をしていた。夜通し尋問されていたこともあったという。一九七〇年六月二十二日の早朝、メリケは遺体となって見つかった。着衣は乱れ、全身傷だらけで、口には彼女が掃除で使っていた雑巾が押し込まれていた。それを知った人々は心臓が破裂せんばかりに驚き、悲しんだ。三人の兵士が集団レイプしたと噂され、事件直後、彼らは異動させられた。パティーマさんはそのように教えてくれた。

セリメ・カマルはまた一九七四年十月にパティーマさんに正式に取材し「パティーマさんとの会話」として書き残したこと、またメリケの新疆芸術団の時の同僚で友人でもあったトルスナイ・ユヌス(ウイグルの有名な作家でジャーナリスト、『キャラバンの足跡』や『ケンベル夫人』などの著書で知られる)も取材し「トルスナイ・ユヌスはメリケについて全面的に調査し、原稿を書いたのだが、出版はできなかった」ことも書いていました。

筆者は、父親の訴えも虚しく、偉大なる「解放軍」の名を守るため、犯人はあやふやなまま片付けられ、再審理も実現しないまま、メリケの死は闇に葬られてしまったと思っていました。私はウイグルに帰って、メリケの親の移転先やその死について調べることができません。当時印刷所にいた兵士たちの所属を、当時ウルムチにいた海外のウイグル人から情報収集しましたが、手がかりは全くありませんでした。しかしロンドンのウイグル学者で詩人のエズズ・イサ・エルクンから、手がかりの一端となるものが送られてきました。『私たちの希望』という文革時代に生きた詩人たちの、選りすぐりの詩が掲載された書籍です。この本で私はメリケの正式な経歴を知ることができました（左上写真参照）。

メリケ・ズヤウドン。一九三八年三月にウルムチで生まれる。一九四五年から一九四九年までウルムチ市第三十八小学校で学ぶ。解放後の一九五〇年から一九五一年まで新疆省幹部学校で学び、一九五一年から一九五三年まで新疆芸術団で働く。一九五三年、北京の中央舞踊学校に入学、一九五六年に卒業、一九六五年五月まで新疆歌舞伎団で司会として働く。一九六五年六月から一九六六年まで、新疆日報新華印刷所で印刷員として働く。文革時代、林彪と四人組の反革命修正主義路線の迫害により一九七〇年六月二十二

メリケのプロフィール

日に亡くなる。この詩集には彼女の作品の一部を収録した。彼女の詩はアブドサラム・トフテイの提供によるものである。

この本に記された死亡日と場所はラジオ・フリー・アジアの放送やセリメ・カマルの記述と一致していました。

その後、私は偶然にも文革時代に印刷所を占領していたのが「印刷廠紅星野戦兵団」であると知りました。静岡大学の楊海英教授は「ウイグル人の中国文化大革命：既往研究と批判資料からウイグル人の存在を抽出する試み」という論文にこう記しています。

私の手元に一冊の「批判資料」がある……この資料は「新疆ウイグル自治区のウルムチ地区工代（工人代表の略―著者）促進会・自治区人民委員会機関毛沢東思想を守る戦闘兵団（捍衛《かんえい》毛沢東思想）・ウルムチ市印刷廠紅星野戦兵団」が一九六七年十二月に編集し印刷したものである。批判資料の「編集者解題（編者按）」には一九六七年十二月十日との日付があり、同資料を第一集として位置づけているが、その後、継続的に発行したかどうかは不明である。「批判資料」を編集し、印刷して広げた三つの群衆組織の性質についても、私は詳しい情報をもたないが、名称からみれば、「工代促進会」と「印刷廠紅星野戦兵団」は労働者の組織で、「自治区人民委員会機関」は自治区の共産党委員会に勤める幹部たちからなるのが普通である。

この「印刷廠紅星野戦兵団」という組織の性質について、「詳しい情報をもたないが」としながらも「名称からみれば労働者の組織」としています。

しかし、筆者はこの「印刷廠紅星野戦兵団」を当時ウルムチにいた兵団の文革組織の一つと見ています。その根拠は、兵団は「紅星兵団」と呼ばれていたことです。その由来は王震が授与された「三等紅星奨」にあり、たとえばクムルにある兵団の病院にも「紅星医院」という名前が付けられています。今でも兵団の中に「紅星」の名を冠する団がいくつも存在します。

新疆日報内の印刷所は、ウルムチ人からは「印刷廠」と呼ばれていました。「印刷廠紅星野戦兵団」は、新疆軍区に所属していた兵団の兵士が、印刷所を占拠して作った組織であると筆者は分析しています。そしてこの兵団の兵士たちが、メリケを集団レイプして殺したのです。軍の所属であるため、彼らを自治区の法では裁けませんでした。だからメリケの死は最初「自殺」として処理されたのです。これは状況証拠から推察した筆者の分析に過ぎませんが、この殺人事件が、陳平のいう兵団の解消理由、「地方の闘争に参入し、新疆に混乱をもたらした。建国以来新疆各民族が抱いていた良好な印象を兵団が破壊」した具体例の一つなのかもしれません。

一九六〇年代から今まで、私たちウイグル人に愛され、歌われてきた歌に「タリムの歌」があります。これはメリケ・ズヤウドンが作詞し、ウイグルの有名な作曲家イスカンダル・セイプッラが作曲したものです。その歌詞の日本語訳を掲載します。この歌は、ウイグルの歌手デリベル・ユヌスが国際大会などで何度も歌っていました。

タリムの歌

私はタリムに行く

恋人よ　さようなら
一緒に遊んで　一緒に育った
のぞみとねがいよ　さようなら

私はタリムに行って
一心に働く
もしもタリムに来てくれるなら
あなたを花で包む

鄧小平と新疆生産建設兵団の回復

文革によって兵団は一旦解消されたものの、ウイグルを巡る問題の解決には至りませんでした。兵団が農墾局の下に置かれてから経済的損失が前よりも大きくなり、生産能力がさらに落ちたことは、一九七七年十月五日に中国共産党新疆自治区農墾総局核心小組が自治区党委員会に提出した「農墾系統に現在存在する問題と農墾事業を改善する幾つかの点に関する建白書」で明らかになりました。

一九七八年二月、兵団が解消されて三年足らずで、農墾体制そのものの維持が難しくなり、国家農墾総局が新疆に調査団を送りました。調査の結果、兵団を復活させる案が出ましたが、その時は兵団の復活に至りませんでした。しかしその後中央政府はこの問題を重視し、一九八〇年七月十日―十四日、一九八〇年九月二十三日、そして一九八〇年十二月二十六日―一九八一年一月五日の三回に亘り、新疆問題座談会を開いていました。二回目の新疆問題座談会が行われた直後の一九八〇年九月二十七日、王震が新疆に直接入って自ら現地調査を行い、中央政府に報告を送りました。王震の報告を踏まえて開かれた三回目の座談会で、王震を団長に新疆に調査団を送ることが決定されたのです。

王震は中央政府の調査団を率いて再び新疆に入り、十日程調査を行いました。その後に行われた会議において「新疆生産建設兵団は新疆軍区の後備部隊である。辺疆を守衛し、建設する重要な力である。新疆生産建設兵団を解散したことは誤りであった」と語っていました。

王震は新疆の幹部会議でこのように明言し、一九八一年六月三十日、鄧小平に手紙を送りました。新疆生産建設兵団復活を建議する内容で、王震はこう提案しました。

「新疆に今二百万人以上の生産兵団員がいる。彼らは新疆全域で墾屯に携わっている。主力はジュンガル（天山北）とタリム（天山南）に置かれ、七十以上の辺疆団級農場があり、生産と防衛と警務を担っている。中国人民解放軍新疆軍区生産建設兵団を復活させるべきである。彼らに農工商の企業の連合を実行させ、中央農墾局と自治区の二重の領導下におくべきだ。これで新疆軍区は駐疆部隊を集中的に訓練でき、また防衛力を把握できる」

鄧小平は王震の手紙に対し、「王震同志を先頭に、関係部門の責任者を集め、生産建設兵団復活に関する報告書を作り、復活の必要性の根拠を示すように」と要望しています。

鄧小平の回答を受け、一九八一年七月六日に中央書記処第百九次会議が開かれ、新疆工作問題が討議されました。その後、一連の兵団復活のための準備が始まりました。その中の重要な出来事の一つが、一九八一年八月十日から二十日の間、七十七歳の鄧小平が初めて新疆に赴き、石河子市とウルムチ市南山牧場、トルファンなどを視察したことです。

鄧小平が北京に戻った一九八一年十月十九日、中央書記処は第五回目の新疆問題工作会を開き、王恩茂が新疆ウイグル自治区の党委員会書記に再任されました。鄧小平は王恩茂との会談で、「新疆生産建設兵団、今の墾屯部隊、これは新疆を安定する核心である。新疆生産建設兵団を復活すべき」との指示を出しました。一九八一年十二月三日、中央政府は正式に「中共中央、国務院、中央軍委の新疆生産建設兵団復活に関する決定」を出しました。

最初に生産建設兵団の復活には慎重に見えた鄧小平が、一九八一年の末に「新疆生産建設兵団は新疆を安定させる核心である」とまで言い切った背景には、ウイグル人による抗議運動があったのでしょう。

ウイグル人は一九八一年一月十四日にカルグルックで、五月二十七日にペイズワットで、そして十月三十日にはカシュガルで、「共産党は出て行け」と抗議しました。鄧小平は、一九八六年八月十六日の談話「新疆の安定は大局、幹部の選抜は鍵」で、「分裂を許してはならない、分裂を試みるものは処分されるべきだ」と明確に語っていました。

鄧小平が復活させた新疆生産建設兵団は、その前身であった新疆軍区生産建設兵団とは幾つかの点で異なります。

一、名称が異なる。鄧小平の「これからの経済活動と海外進出に備えて、名称から軍を取った方がよい」という有名な指示により、「中国人民解放軍新疆生産建設兵団」から「新疆生産建設兵団」に名称が変わった。

二、元来の正規軍級の組織から準軍事級の組織と呼ばれるようになったが、司令官や師、団、連、営という軍の組織的な構造はそのままになっている。また「工作隊、戦闘隊、生産隊」三位一体の役割は変わっていない。

三、管理方式は復活当時「北京の中央農墾局と新疆ウイグル自治区の二重の領導下に置かれる」とされた。当時の新疆自治区トップの王恩茂が、新疆生産建設兵団という「準軍事」組織の司令官を兼ねるという、憲法では説明できない現象が生じた。

第八章　習近平とウイグルジェノサイド

作られた「ウイグル人によるテロ」

新疆ウイグル自治区では、二〇〇九年七月五日に「ウルムチ事件」、二〇一三年には「天安門広場自動車突入事件」、二〇一四年には「昆明駅暴力テロ事件」、同じく二〇一四年、習近平が新疆ウイグル自治区を初視察した時には「ウルムチ駅爆発事件」などが起きました。それに対し、習近平は、世界に対して「習近平はテロと戦う英雄」というイメージを作り上げようとしました。中国政府は「ウイグル人によるテロの被害」を受け、「反テロ撲滅運動」を展開していると世界に訴えました。中国共産党の訴えは、最初はほぼ支持されているかのように見えました。

しかし、ウイグル人社会と漢族の一部は、この一連の「テロ事件」について異議を唱えていました。まず二〇〇九年の「ウルムチ事件」ですが、広東省韶関《しょうかん》市に労働力として連れてこられたウイグル人の工場員たちが、何もしていないのに漢人の集団暴行にあい、殴り殺されたことが原因でした。通報後、中国公安はなかなか現場に来なかったため、救えたはずの多くの人命が失われました。私たちウイグル人からすれば、これは漢人による「ウイグル人へのテロ」であり、ウルムチ事件はウイグルでの抗議運動でした。

「天安門広場自動車突入事件」については、炎上した車の中からコーランと東トルキスタンの国旗が燃えずに見つかり、話題になりました。また、心ある漢人たちが「ウイグル人が天安門広場に車で近づけるなんてあり得ない」と発言していました。

「ウルムチ駅爆発事件」については、習近平がウルムチを訪れた時「ウルムチの駅や道路などはほぼ閉鎖され、ウルムチの空を鳥が飛べないほど警備が厳重だった」、「ウイグル人が駅に爆発物を仕掛けられるはずがなく、笑える話だ」「共産党は何を考えているのか」など、現地の人々の声が私たちに届きました。

この一連のテロ事件に対して、在外のウイグル人は今も中国政府に、証拠を示して情報を公開し、さらに第三者による調査を受け入れるよう強く訴えていますが、拒否されています。

習近平政権はその「テロリスト」たちを処刑した後、「テロ撲滅のために、宗教過激派のウイルスに感染したウイグル人」たちを捕らえて「再教育センター」と称される「強制収容所」に送り始めました。その辺りから、世界は中国の本当の狙いに注目し始めたのです。

その後、アフガニスタンの首都カブールで、中国国家安全部に所属する武装した漢族十人（女性を含む）がアフガニスタンの国家安全局（ＮＤＳ）に逮捕される事件が発生しました。この漢人たちは、ウイグル人の組織を装い、アフガニスタンでテロ活動をしようとしていました（二〇二〇年十二月二十五日付インド紙「ヒンドゥスタン・タイムズ」）。ウイグルジェノサイドを正当化するために「テロ組織まで作る」中国共産党政権は、改めて世界を震撼させました。「テロと戦う」習近平の英雄像が崩れたのです。

このニュースは世界では大きく取り上げられましたが、日本ではネットニュースで流れただけでした。欧米のウイグル人は、自分たちが住む国でも同様の「ウイグル人を装ったテロ組織」が作られる可能性を警戒していました。

しかし中国共産党と習近平は、これらの批判に全く聞く耳を持たず、ウイグルジェノサイドは現在も続いています。

習近平の「新疆政策」と「民族政策」

ウイグルは中国の憲法で定められた「民族区域自治」の対象ですが、この言葉が最近党の大きな大会や人民代表大会などで示されなくなりました。例えば党の第二十回人民代表大会において、「民族区域自治」という言葉が習近平の報告に全く出てきませんでした。そのことをラジオ・フリー・アジアが以下のように報じています。

「第二十回人民代表大会における習近平の口頭報告の録音を全部聞いたが、民族という言葉が二十五回出てくる。そのうち十一回が中華民族大復興という言葉で、五回が民族復興、二回が民族発展という言葉だった。民族区域自治という言葉はなかった」

この二年、政府系報道や新聞などでは、「新疆ウイグル自治区」の名称を辞め「新疆」や「自治区」と呼ぶようになりました。習近平時代の兵団の役割を知るためには、まず習時代の「新疆政策」と「民族政策」の詳細を知る必要があります。二〇二〇年九月の第三次中央新疆工作会で発表された習近平の治疆政策は、以下のようにまとめることができます。

依法治疆→「法により疆を治める」新疆社会の長期安定のために、党委員会が領導し、政府が責任を持つ依法治国の制度を新疆社会の各領域で作り上げる。

団結穏疆→「団結して疆を安定させる」中華民族共同体を主線としてその歴史を強化し、青少年の時から各族の群衆および幹部に正しい歴史観、民族観、文化観、宗教観などを教育し、中華民族共同体意識を魂に根付かせる。

文化潤疆→「（漢民族の）文化で疆を潤す」民族間（漢族とウイグル人の間）の文化交流を深め、イスラム教の中国化と文化潤疆工程を展開する。

富民興疆→「民を富まして疆を興す」疆の地理的優勢を生かし、新疆を西方域に対する国家総体戦略の中に組み込む。シルクロード経済ベルトを推進し、核心地区建設の推進力とすること。その発展は新疆を長期的に安定させる重要な基礎である。

長期建疆→「長期にわたって疆を建てる」全面的に脱貧、支援政策を徹底し経済発展を促し、新疆が安定して人民が幸せに暮らしていることを堂々と宣言する。

二〇二一年六月四日からロンドンで、弁護士や人権専門家らによって「ウイグル法廷」が開かれました。その法廷において、膨大な証拠資料、当事者の証言、迫害されたウイグル人のデータベースの情報、学者の意見に基づいて、二〇二一年十二月九日に「ウイグルジェノサイド」が認定されました。ウイグル法廷でその信憑性が確認され、用いられた資料の一つに「XINJIANG PAPERS」があります。これは元々ニューヨーク・タイムズが入手した中国共産党の内部機密文書であり、その中に習近平が会議で指示したという以下の発言が記されていたのです。

「新疆の民族分裂勢力は宗教過激思想をその土台とする。暴力テロ（恐怖）を手段とし、民族分裂を最終目的とする。新疆の民族分裂主義は長期的に形成された。紀元前六〇年に新疆は既に祖国の版図に入っていた。しかし、宗教過激思想が長期的に存在し、新疆民族分裂活動は絶えない」

「歴史上、新疆のどこに突厥国があった？　あの一帯は元々仏教を信じていた。住民も突厥人ではない。後に突厥人が唐朝に新疆まで追い払われた。ウイグル人は突厥人の奴隷にされた。トルコ人は常にウイグル族を彼らの〝兄弟〟としているが、本来彼らにそう言う資格は全くない」

「矛盾が突出すれば工作隊を、反共闘争が激しくなると武装隊を送り、村ごと殲滅すべきだ」

「ある人物がウイグル語で、天下のムスリムは一つの家族と宣伝している。しかしその背後にいるのは列を組み手に武器を携えた〝兄弟〟である」

「新疆が紀元前六〇年から中国の領土だった」という、習近平がウイグルと中国全土の国民に植えつける歴史は、「新疆」という言葉の意味とも矛盾し、全く根拠がないと言わざるを得ません。ウイグルは二十億のイスラーム・テュルク世界共同体の一部であり、「中華民族」としての意識がなく、またそれを受け入れていません。その理由は、独自の宗教や文化、言語にあります。習近平は、自らの政策の妨げになっているそれらの存在を懸念しているのです。

習近平は中華民族共同体意識を根付かせ、新疆社会を長期的に安定させる鍵は兵団にあると考えています。そしてその新疆工作のために兵団が「三大機能（新疆を安定・固定させる安定器、各民族を凝集させる大溶炉、先進生産力と先進文化の師範区」と「四大作用（社会構造の調節、文化交流の促進、区域の協調性の促進、人口資源の優良化）」を実行するには、「兵団が南に発展することが決定的に重要である」と指示しています。

兵団を南に発展させるという習近平の野望

南新疆と呼ばれるウイグルの南は、ウイグル人を主とするテュルク系諸民族の古くからの故郷です。その多くがオアシス農業を生業としていました。

二〇一五年の南新疆における師団の配置状況を見ると、アクス地区には第一師、バインゴリン・モンゴル自治州には第二師、カシュガル地区には第三師、ホータン地区には第四師が配置されて、その人員は七十八万四千人です。南新疆にある四十二の県市のうち、二十七の県と市に兵団が配置されていました。南新疆の兵団管轄の面積は、その地方の農地面積の二パーセントに当たる二・二七万平方キロメートルです。当局は二〇二二年までに兵団の人口を百十万に増やし、兵団の南新疆における人口の割合を、五パーセントから七パーセントに上昇させると述べていました。

兵団をウイグルの南部地域で増強する意図について、当局は「兵団は北部に重点が置かれていたが、それを少しずつ変えて南部でも兵団の力を増大させ、戦略的配置状況を優良化することで、兵団の戦略的能力をさらに高める」と明言しています。計画では二〇一七年から二〇二二年において実現させ、長期的には二〇三〇年まで続けるとしていました。

二〇三〇年の時点で、ウイグルの南部で漢族の人口を何パーセントまで増やす予定なのかは明らかにされていませんが、兵団がまだ置かれていないウイグル南部の全地域に兵団の師団が配置されれば、十分な人口の優良化が完成し、それにより兵団は南新疆において「非常時の安全島」、「重石」としての戦略的役割を持つ、としています。

南部はウイグル人住民のための限られた水源と農業用地しかありません。水源と土地資源が豊かな北部のように、開拓して農作物を植えれば作物がとれ、入植した漢族が根を下せるような環境ではないのです。この点については当局も「南の水土資源は限られている」と認めていました。

南部は国家が実施する「一帯一路」「中国・パキスタン経済回廊」「新シルクロード経済ベルト」などの中心地となるため、その安全のためにも、兵団の南部への拡大を「対口援疆（地方同士間のペアリング支援の意味。中国沿海部などの十九の省や直轄市などがそれぞれ新疆の各地方とペアを組み、経済や社会の発展全般に協力する）」政策で支援し、活力を与えるとしています。

共産党政府の目的は「人口優良化」、つまり漢族をこの地にさらに入植させることです。そのために打ち出したのが、兵団と地元を融合させる「兵地融合」政策です。「兵地融合」政策とは、従来ある「新疆ウイグル自治区」の土地を「新疆生産建設兵団」が呑み込んでいくことです。「人口優良化」政策により、この地の漢民族の人口をウイグル人の人口より上回らせます。そして人口比が拡大していけば、最終的に「新疆ウイグル自治区」そのものが消滅します。習近平の新疆政策を分析していくと、このような結論となります。

「兵地融合」はどのようにして実施されるのか？

「兵地融合」については、二〇〇二年に試験的に始まったことを示す「天北新区案例分析」という資料があり、その後兵団が南に拡大・発展する「兵地融合」政策の基礎が得られたことが示されていました。「天北」とは、天山山脈の北側一帯を指し、そこに作る「新しい区域」を意味します。

イリ・カザフ自治州が党委員会、人民政府の許可により、二〇〇三年二月に「天北新区管理委員会」を設置し、兵団第七師が管理する形で天北新区の運営を正式に開始しました。最初は「クイトン市天北新区」を「兵団農七師クイトン天北新区」として兵地共建管理の形をとり、警察署や交番を共同で運用していました。それから天北新区管理委員会事務所、経済発展局、財政局、城建局、国土資源不動産局、訓警大隊、交通警察中隊などが徐々に作られました。

クイトン市は天山南北の経済発展ベルトの真ん中に位置し、新しいアジア・アフリカ大陸橋の中国への出入り口にあたります。また、三一二国道と二一七国道が交差する戦略的な位置でもありました。一方、兵団の第七師は豊富な農業資源を占有し、また熟練の職人隊を所有していました。

このような二つの組織を融合させることで、正に共産党が宣伝する「共に勝つ」関係が生まれたのです。天北新区は設立されてわずか六年足らずで累計生産総額が四十一・一億元に達し、裕華紡績、錦業紡績、シンガポール銀橋国際乳業集団など国内外百二十八社から投資を受けることに成功しました。天北新区兵団は彼らが言う兵地融合の最初の成功モデルになったと言えるでしょう。

兵団はそれまでも「師市合一」「団鎮合一」「兵地共建」「経済技術開発区」など、兵団を発展させる政策をとってきていました。今回の「兵地融合」と前の政策との違いは、「兵地融合」は非常に簡単な手続きで行われるということです。

以前の「師市合一」「団鎮合一」「兵地共建」「経済技術開発区」は、中央政府と新疆ウイグル自治区の許可を取り、その経済効果が見込まれて初めて運営されます。しかし今回の「兵地融合」で兵団が条件の良い自治区の地域を簡単に呑み込むことができる仕組みが出来上がったと言えるでしょう。

兵団が南に拡大し「兵地融合」がどのように展開されているのか、私の手元にはまだ資料がありません。おそらく多くの農村や町で、強制収容されたウイグル人、ウイグルジェノサイドの犠牲となったウイグル人の財産や家畜、土地・家屋が、兵団所有のものとなったのでしょう。兵団には、一九六〇年代にウイグルの北部からソ連領の中央アジアに越境した人々の家屋や土地、家畜を自らの所有とした歴史が既にあります。

兵地融合でさらに自治区の土地と資源を呑み込むためには、もちろん大勢の漢族の移植が必要になります。漢族を移植したら、彼らの生活を安定させなくてはなりません。安定させるためには、土地と水源・資源が必要になります。そのためには、ウイグル人の人口を減らす必要があることは言うまでもありません。彼らには、このようなウイグルジェノサイドを行う必然性があったのです。

中国政府は、兵団をウイグル人が最も多く住んでいる南に拡大させることが「新疆の長期安定を保つ核心的な政策」としていました。兵団に漢民族を移し、ウイグルの資源を活用する具体的な政策も、二〇一七年の時点で既に行われていました。例えば、第一師、第二師、第三師、第十四師が、電力を内地に送るために百六十万キロワットのメガソーラー発電所と四十万キロワットの風力発電所を建設しています。

「兵地融合」ではさらに「軍民融合の戦略的な新興産業」を作るとしています。兵団の母体が軍であるために、兵団が作る企業はある意味「軍事企業」です。その軍事企業を国内外の民間の企業と合併させ、軍民融合企業を起こすのは難しいことではありません。その産業項目として「新疆綿資源」「新疆の豊富な農産品資源」「節水器材、プラスチックマルチ材料、種子加工、農薬、肥料、飼育関係などの農業化学加工品製造」「新疆市場、中央アジア市場向け家電設備の製造」「中央アジアの天然ガスのパイプライン輸送、鉱物資源の開発、資源の安定供給」「軍が民となる、あるいは軍事産業が地方と連合して企業を作る、軍民融合の特産品を開発する、アラルを軍民融合のモデルケースとする」「生物産業、新エネルギー、新材料、戦略的新興産業に力を入れる」といった内容が「Xinjang Paper」内の中国共産党中央弁公庁秘書局が発行した機密文書に書かれてあり、兵団の軍が率先して新疆の資源を使って産業を起こし、民間企業として世界に輸出する仕組みを構築しようとしていることがわかります。

兵団はウイグルジェノサイドの実行役として、十四の師団の監獄を拡大し、ウイグル人を「中華民族に改造」しています。南の四つの師団だけで二〇一七年から「七つの監獄を拡張し、新たに四つの留置所、六つの拘置所、三つの監獄、三つの高度警備監獄、十の屯兵基地、一カ所の訓練所を作り、生産営区（強制労働基点）の建設を合わせて行う」よう指示しています。「監獄と生産営を合わせる」というのは、監獄の側に大型の工場などを作り、強制収容されているウイグル人に奴隷労働させるということであり、党中央と習近平が強制労働とウイグルジェノサイドを直接指揮した証拠の一つです。ウイグル人の強制労働によって兵団の軍事企業が製品をつくり、それが世界に流れる仕組みは、徐々に明らかになりつつあります。

兵団を南に発展させる政策の真の目的とは

習近平は、兵団を南に拡大する政策を確実に実行することが、党中央の新疆統治戦略の重大な部分であると強調しています。兵団を南に発展させるために「南新疆の社会構造を調節する」とした上で、ウイグル人の人口が漢族より多い南新疆は「民族の人口バランス」

が崩れており、「反テロと安定化のための主戦場」であると指摘しています。一九四九年の移植を開始した当時、六パーセント未満だった漢族の割合が今では五十パーセントに近づいています。漢民族の人口をウイグル人より多くしたい中国共産党は、習近平時代になってからさらに多くの漢人を移植しました。それと同時に、ウイグル人の人口を減少させる政策も実行しています。

中国共産党がウイグル人の出生率を強制的に下げていることや、強制収容所で亡くなったウイグル人の正確な数字がわかるものとして、東京大学の平野聡教授の研究があります。また、ロンドンの「ウイグル法廷」において、アメリカのエイドリアン・ゼンツ博士が、同様の数字を確実なものとして挙げていたことは記憶に新しいでしょう。

その一方で、新疆社会科学院の李暁霞民族研究所長が、ウイグル人口問題とその政策についての研究論文をいくつか書いています。その中で李暁霞は、新疆に移植した漢族よりウイグル人の出生率が上回っていることを問題視し、「ウイグル人の人口が急激に増えると、漢族に必要な水や資源が足りなくなるだけでなく、政治的に危険」であると述べています。李暁霞は、その問題を解決する策として「漢人を南新疆を中心に入植させると同時に、ウイグル人の出生率を強制的に抑える」ことを提案しています。彼女は、一九五八年に中央の第二次五カ年計画決定により新疆に入植した漢人の数が二百万人であったが、その後入植者数が下降していると指摘し、ウイグル人をはじめとする非漢民族の人口増加をコントロールすること、新疆に住む漢民族の出産制限を解除すること（新疆生産建設兵団は漢族が三人以上子供を産むことを推奨している）、ウイグル人を労働力として内地に移すことなどを推奨しています。

二〇二二年八月二十七日、新疆ウイグル自治区党委がウルムチで「中国の十年・新疆」という会見を行い、「この十年、ウイグルの農村から三百万九千八百八十人を移転、就業させた」と発表しました。ウイグルで農業を営む人々が中国内地に移転させられて、工場などで働いている映像が度々目に留まるようになりました。同時に兵団が、内地の漢人に対し、大々的に「家・土地付きの好条件」で募集をかけていました。「三十五歳以下の漢族が兵団に入れば一定の農地、果樹園や森林が与えられ、大学卒では月給七千元」「二〇二二年に兵団の市だけで三万八千七百人が就職した」「募集は今も続いている」と報じられていました。今、どれだけのウイグル人が強制収容所や監獄に入れられ、どれだけが内地に移されたのか、どれだけのウイグル人がウイグルに残っているのかは不明です。

兵団を南に発展させることは、これから入植する漢族に安心感を与える「安全な受け皿」を作ることです。兵地融合によって起こした軍民産業への、国内外からの投資の安全性を保証することにもなります。そして、それは漢族を中心とする社会づくりのために、入植した人々に「開墾」では得られない土地・水源・資源を、ウイグル人から奪って漢族に与える政策であると結論づけることができます。

「一帯一路」の出入り口がウイグル

「一帯一路」とは習近平国家主席が二〇一三年に打ち出した、アジアとヨーロッパを陸路と海上航路でつなぐ物流ルートを作り、貿易を活発化させ、経済成長につなげようという構想です。

一帯一路の鉄道・水路・空路・通信網・公道などの基礎インフラ、および資源を運ぶ巨大パイプラインがウイグルを通ります。中国からは電子機器、自動車やその部品、衣類などを輸出し、ヨーロッパからはチーズ、ワインなど、中央アジアからは石油・レアアースなどの天然資源、ウクライナなどからは生産兵団が借地で栽培している穀物などを輸入します。

物を作るためには資源が、流通させて売るためには道が必要になります。「一帯一路」上の発展途上国には資源がありますが、道路などのインフラ設備が乏しいのが欠点です。しかし、中国には金と技術があります。日本などが主導するＡＤＢ（アジア開発銀行）の、アジアのインフラ需要に関する試算では、その開発に毎年一兆七千億ドル、日本円で二百兆円近くの資金が必要とされています。一方、国際的な金融機関からの拠出は、その内の二・五パーセントに止まり、需要を満たしていません。二〇二一年六月の時点で中国政府は、「一帯一路における共同建設において、すでに百四十カ国、三十二の国際組織と計二百六件の協力文書に調印している」と発表していますが、調印した国や組織についての公式のリストが存在せず、銀行や国際機関等は調印したのは七十カ国程度と見ています。なお、米国、日本などの先進国はこの構想に参加していません。

中国の一帯一路は世界のインフラ需要に中国が投資する形で行われます。なお、習近平国家主席は「一帯一路には世界の百五十カ国以上が参画」と述べていることも伝えられています。

中国のこれらの参画国への投資は、中国が独自に作ったＡＩＩＢ（アジアインフラ投資銀行）を通して行われています。ＡＩＩＢは、二〇一三年十月のＡＰＥＣ首脳会談で習近平国家主席によって提唱され、二〇一五年に五十七カ国を創立メンバーとして正式に設立されました。二〇二三年一月現在、加盟国は百六カ国（地域含む）となっています。言わば、中国の主導によって設立された国際金融機関です。

「一帯一路」についてその問題点が近年度々報じられていますが、その代表的なものの一つに「債務の罠」があります。この言葉を最初に使ったのは、インドの著名な地政学戦略家ブラフマ・チェラニー（インド政策研究センター）教授で、「中国の巨額投資と発展途上国の債務問題（その金利六・三パーセント）」という記事の中で言及していました。中国の「債務の罠」に落ちた国にスリランカがあります。

スリランカ南端のハンバントタ港は、二〇一七年から九十九年間の契約で中国の国有企業に貸し出されました。これはスリランカが、「一帯一路」におけるアジアと中東・アフリカを結ぶシーレーン（海上交通路）の要衝であるためです。しかし、インフラ整備のため中国から湯水のようにお金を借りたスリランカは、思ったような利益は出せず返済不能に陥り、施設や土地を明け渡さざるを得なくなりました。スリランカがデフォルトに陥れば、黙っていても港湾施設など戦略的な重要インフラが中国の手中に落ちるというわけです。

スリランカの危機はＡＩＩＢのトリックと関係します。例えば、ＡＩＩＢの二〇一九年三月末の財務諸表において、その純資産は百九十六億ドルであるのに対して、貸出金が十六億ドルにとどまっており、その払込資本金の大半が実際の事業には適用されておらず、現金または定期預金として保有されているとの見方もあります。

「一帯一路」の資金供給源について、案件ごとの詳細は明らかにされていません。前述のチェラニー教授による発展途上国への莫大な借金となる投資およびその金利六・三パーセント（ＡＩＩＢの金利〇・五パーセント）に関する指摘は、正にこのことを示しています。

つまり、実際に中国は投資先の国々に様々な理由をつけて金利の低いＡＩＩＢからではなく、金利の高い中国国家開発銀行、中国輸出入銀行、国営商業銀行などから融資しています。チェラニー教授は「中国の一帯一路は発展途上国にある豊富な天然資源を確保するためのものであり、さらに多くの場合中国の建設労働者が派遣され、現地で創出される雇用を抑制している」と指摘していますが、彼の指摘したことは既に中央アジア諸国で起きています。

「一帯一路」の現状と問題点

カザフスタンの例

二〇一九年の九月二十三日から二十六日にかけて、カザフスタン各地の住民が、「カザフスタンに多数建設された中国の工場が現地人を採用せず、しかも環境を破壊していること、カザフスタン政府が中国に多額の借金をし、中国がカザフの資源を開発していること」に抗議するデモが起きました。

キルギスの例

二〇一九年十二月から一月にかけて、キルギスの現地民と一帯一路建設のために来ている漢族との間で様々なトラブルが起きました。十二月十九日にキルギス住民はデモを行い、「中国人はもうこの地に住むな、強制収容所を閉鎖せよ、政府は中国からの借款を受けるな」と訴えました。デモのリーダーの一人で女性のセパー・エリヨワさんが逮捕され、「民族間の憎しみを煽った」「中国とキルギスの友情を壊そうとした」と裁判にかけられました。

パキスタンの例

二〇一九年九月二十四日、「パキスタンのカシミール地方で、ギルギットやバルチスタン地域のウラン、金、銅などの三百以上の鉱山の開発権を中国に譲渡したこと、ギルギット地域の大規模な牧場の経営権を中国に譲渡したこと」に抗議するデモが行われました。

エクアドルの例

ジェフリー・ケイン著、濱野大道訳『AI監獄ウイグル』（新潮社）に以下のような記述があります。エクアドルの現状を分かりやすく説明しているので引用します。

エクアドルは、橋、高速道路、灌漑施設、学校などを建設するために百九十億ドルの融資を受けた。計画の中でもコカ・コード・シンクレアと呼ばれる大規模なダムの建設だった。このダムは慢性的なエネルギー不足を解消し、国を貧困から救うものだと宣伝された。エクアドルは融資の多くを現金ではなく石油で返済し、石油の八割を

カザフスタンでの抗議デモ（写真：RFA）

キルギスでの抗議デモ（写真：RFA）

パキスタンでの抗議デモ（写真：RFA）

中国に優先的に輸出することで合意した。中国は石油を割引価格で購入し、転売して利益を得ることができた。稼働して二年でダムに数千の亀裂やひび割れが見つかり、どの貯水池にも、沈泥、砂、木が堆積した。エンジニアたちが施設を完全稼働させようとしたが全国の電力網がショートした。にもかかわらず、エクアドル政府は中国への借金返済のために、石油を組み上げなければならなかった。政府は既に森林破壊が深刻なアマゾン熱帯雨林のさらに広い範囲で石油を採掘し、福祉予算を減らして、行政機関を閉鎖した。

そのほか、エクアドルのエネルギー大臣が二〇一八年十二月に「ニューヨーク・タイムズ」で「中国の戦略は明らかだ。他の国々を経済支配しようとしている」と語っていることも印象に残ります。

これ以外にも太平洋の島国トンガにおいて、「一帯一路」に参画したことにより大勢の中国人が移住してきてトンガの経済が押さえられ、現地住民に仕事が回らず、たびたび現地住民とトラブルを起こしてきたということが、日本のテレビでも報じられています。「一帯一路」については、このような実例から、「現地の資源」を押さえ、その資源開発のために中国人を定住させて雇用し、現地民には仕事を与えない仕組みであることが見えてきます。入植した漢族のみが潤う、ウイグルの「生産建設兵団」型の政策が、一帯一路に参画する国の先々で展開されているのです。この問題については今後さらに情報を集め、分析していきます。

一帯一路で重要な役割を果たす兵団

「一帯一路」で、もう一つ気になる問題があります。それは、「一帯一路」のインフラ設備の工事を、派遣された兵団の会社が担っていることです。兵団は「軍政党企」一体の準軍事機関です。他国の軍の機関が、道路やインフラ設備の工事を担うことは「安全保障」上問題視されるべきですが、兵団の上場企業の一つ「北新路橋」は、アフガニスタン、キルギス、タジキスタン、モンゴル、パキスタンなどで道路などのインフラ設備の工事を請け負っていました。

これに先んじて中国は、「一帯一路」で相手国と問題が起きた場合、それを解決するための国際商事裁判所（CICC）を設置しました。中国の最高人民法院は二〇一九年に、国際的な商事関連の訴訟を中国国内で和解に至らせるよう、中国の裁判所はそうした訴訟を審理する能力を強化し、仲裁のあり方を改善すべきである、としました。しかし、他国の専門家は、このような問題は通常、建設事業の当事国が扱うべきであると指摘します。中国共産党は、国際的な規則の形成に積極的に貢献しようとしているにすぎないと主張するのでしょうが、米ニューヨーク大学のジェローム・コーエンは「中国ではなく自国で事業を行う企業が、中国での紛争解決を受け入れるなど、政治的あるいは経済的に強要されているのでなければ、信じ難い」と語っています。

問題はこれだけではありません。「一帯一路」は発展途上国にある豊富な天然資源を中国が確保するものです。二〇一六年の時点で、中国のレアアース生産量は世界の八十パーセントを占めていました。レアアースは電池や精密機械をはじめ、新時代の製品に欠かせません。中央アジア諸国にはレアアース、レアメタル、ウラン、石油、天然ガスなどの資源が豊富にあり、中国はその開発の技術と、それを製品化して輸出する経済モデルを既に確立していました。問題は、借金の代わりに中国が独自にその鉱山の開発を行い、工場運営を自国の中国人に委ねていること、つまり経済支配です。世界そして日本は、今後これらの原材料を中国経由で買う仕組みになることを考える必要があります。

ウイグル強制・奴隷労働

「ウイグルジェノサイド」と共に世界を震撼させた言葉の一つに「ウイグル強制・奴隷労働」があります。新疆生産建設兵団は、「ウイグルジェノサイド」を実行する中心的な組織として二〇一六年以降兵団の監獄を拡大・増設してきました。強制収用されたウイグル人の多くは、兵団の監獄に入れられています。「強制労働」は兵団が実行しているウイグルジェノサイドの内容の一つに過ぎません。

中国共産党政府が計画的に行っている「ウイグルジェノサイド」は、多方面からの様々な証言、証拠によって立証されており、それは国連や民主的な国々、世界の人権団体から非難されています。ウイグルジェノサイドの内容としては、「幼い子供を親から強制的に離し、政府管理の寄宿学校で中華民族共同体思想を植えつける、ウイグルの言語や文化を破壊しウイグル人としてのアイデンティティーを消し去る、ウイグル人女性への強制不妊手術、ウイグル人の若者を労働力として内地に移し、代わりに漢族を好待遇で内地からウイグルに迎えるなどの人口逆転政策、強制収容所への収容」などが挙げられます。

イギリスのシェフィールド・ハラム大学ヘレナ・ケネディ国際司法センターによる報告書「UNTIL NOTHING IS LEFT」では、「近年、兵団の監獄と強制収容所が一体化し、隣接した工場なども作られている」ことが詳細に示されています。

欧米の社会学者や研究機関によるウイグル強制労働に関する詳しいレポートの一つに、オーストラリアのシンクタンク、オーストラリア戦略政策研究所（ＡＳＰＩ）による報告書「UYGHURS FOR SALE」があります。その報告書から、「ウイグル強制労働」には二つの形態があることが見えてきます。

一つは「強制収容」された人々を兵団の監獄と隣接する工場で強制労働させる。もう一つは内地などに「移住」させて徹底した監視下にある工場で労働させ、さらに党への忠誠を促す教育を受けさせる、というものです。どちらも兵団が中心的な役割を担っています。

兵団が株を所有する二千八百七十三の会社は世界の八十六万二千社と繋がっており、「強制労働」で生産された製品はこのサプライチェーンを通じて世界に流れていることが、アメリカのワシントンにある国防研究中心ＣＳ４ＡＤＳの研究報告書「Long Shadows」で明らかにされました。「強制労働」と世界のサプライチェーンが繋がったこの仕組みは、中国共産党の「対口援疆（ペアとなって新疆を支援）」政策と関連してきます。

二〇一四年の「第二回新疆工作会」において、「対口援疆」政策として新疆の担当区域が沿海地区の十九の省に分けられました。この沿海地区の十九の省は生産ラインを新疆に移しました。多くの企業がウイグル自治区に子会社と工場を置き、沿海地区にある親会社のサプライチェーンに組み込まれたのです。

今のウイグルには四十四万以上の中小企業があります。「貧しさを根っこから無くす」と謳われた「扶貧援疆」政策でウイグル人の農民たちが土地を国に返す形になりました。ウイグル人農民はその年齢と性別、健康状況、政治背景などによって「分類」されました。政治背景で疑わしいと思われた人は「再教育施設」や「職業訓練センター」と呼ばれる監獄や強制収容所に送られ、労働に従事させられます。「罪」の軽いものは「労働力」として十九の沿海地区の省に派遣され、残りの一部は新疆にあるこれらの企業の労働者となっています。

「すでに経済発展した地域の技術とその経済モデルを、資源のある新疆に適用する」ことが目的でしょう。ウイグルの人口構成は、中国の漢民族と違い、高齢化していない、若者から中年にかけての年齢層が厚いという特徴が、この政策実施に好影響を与えているとも考えられます。

習近平と仲がよいと言われている胡鞍鋼教授（清華大学中国科学院国情研究中心）は、「中国夢の基礎は中華民族の一体化なのだ」などの新しい「学説」がこの政策に取り入れられた可能性があると述べています。このようにして、沿海地域にある世界の有名企業の生産ラインが、いつの間にかウイグルに移転しました。移転しないところでは、「扶貧搬遷」政策により、大勢のウイグル人が内地の工場で労働するために移住させられました。彼らの父母は養老院、子供達は孤児園に移され、土地は「新疆建設生産兵団」に渡されたのです。「対口援疆」政策でウイグルを支援した十九の省とその担当地域は以下の通りです。

北京市　ホータン市、ホータン県、カラカシュ県、ロプ県と兵団第十四師
天津市　チラ県、ケリエ県、ニヤ県
河北省　バインゴリン州（巴音郭楞州）と兵団第二師
山西省　昌吉《しょうきつ》州とフーカン市と兵団第六師
遼寧省　タルバガタイ地区と兵団第八師、兵団第九師
吉林省　アルタイ地区にあるアルタイ市、カバー県、ジムナイ県、ブルチン県
黒竜江省　アルタイ地区にあるチンギル県、コクトカイ県、ブルリトカイ県と兵団第十師
上海市　カシュガル地区ヤルケンド県、ポスカム県カルギリク県、マラルベシ県
江蘇省　イリ州と兵団第四師、第七師
浙江省　アクス地区及び兵団第一師のアラル師
安徽省　ホータン地区にあるグマ県
福建省対口支援　昌吉州昌吉市、マナス県、クトビ県、グチュン県、ジムサル県、モリ県
江西省　キズリス州、アキトゥ県

山東省対口支援　カシュガル地区にあるメキット県、イェンギシェヘル県、ヨプルガ県、イェンギサル県
河南省　クムル地区及び兵団第十三師
湖北省　ボルタラ州と兵団第五師
湖南省　トルファン地区
関東省　カシュガル地区コナ・シェヘル県、ペイズワット県及び兵団第三師、トムシュク市
深圳市　カシュガル地区カシュガル市　タシュコルガン・タジク自治県

この「対口援疆」政策は、「ウイグル人を貧困から救う、新疆を発展させる」ために行われたかのように見えます。しかし実際は、先に発展した中国の沿岸地区で起きている「中国人の高齢化、工場労働力の減少、大型工場を建設する用地の不足、大気汚染の深刻化」などの問題点を解決するために、「新しい土地」が必要になった、ということでしょう。

中央政府は「対口援疆」政策で、ウイグルの資源とウイグル人の「労働力」を沿岸地区の

経済、技術と結びつけることで、中央の資金を注入せずに問題を解決する「上手な」やり方を見つけたとも言えます。ウイグル人の人口比率が自治区の南で高いという問題と沿岸部の工場労働力不足の問題が、この政策の「労働力移転」によって解決するのであるから、正に一石二鳥です。

その際、「新疆生産建設兵団」が内地から大量に入植する漢族の受け皿となり、移転したウイグル人の土地と家を彼らに与えていました。二〇一九年に出された、南開大学中国財富経済研究院智庫報告―一〇〇九「新疆和田地区維族労働力転移就業扶貧工作報告」（通称「南開レポート」）というウイグル・中国研究者の間で有名なレポートがあります。この南開レポートには「ウイグル人に対しては、今の辣腕政策が短期的には効果があるので続けるべき。長期的にはウイグル人を中国の中・南部地域に移転させることで、新疆におけるウイグル人の人口密度を減少させ、感化、溶化、同化させる」と書かれてあり、「対口援疆」の政策の内容として、十九の省が兵団の十の師と合同して、短期的長期的にウイグル人の土地と労働力を収奪する仕組みになっていることが分かります。

このように、今まで「世界の工場」の役割を果たしてきた中国製品が、ウイグルジェ

《「UYGHURS FOR SALE」に掲載された「強制労働」に関与しているとされた企業83社》

1Abercrombie & Fitch、2Acer、3Adidas、4Alstom、5Amazon,、6Apple、7ASUS、8BAIC Motor、9BMW、10Bombardier、11Bosch、12BYD、13Calvin Klein、14Candy、15Carter's、16Cerruti 1881、17Changan Automobile、18Cisco、19CRRC、20Dell、21Electrolux、22Fila、23Founder Group、24GAC Group(automobiles)、25Gap、26Geely Auto、27General Electric、28General Motors、29Google、30H&M、31Haier、32Hart Schaffner Marx、33Hisense、34 日立製作所、35HP、36HTC、37Huawei、38iFLYTEK、39Jack & Jones、40Jaguar、41 ジャパンディスプレイ、42L.L.Bean、43Lacoste、44Land Rover、45Loewe、46Lenovo、47LG、48Li-Ning、49Mayor、50Meizu、51Mercedes-Benz、52MG、53Microsoft、54 三菱電機、55 ミツミ電機、56Nike、57 任天堂、58Nokia、59The North Face、60Oculus、61Oppo、62 パナソニック、63Polo Ralph Lauren、64Puma、65SAIC Motor、66Samsung、67SGMW、68 シャープ、69Siemens、70Skechers、71 ソニー、72 ＴＤＫ、73Tommy Hilfiger、74 東芝、75Tsinghua Tongfang、76 ユニクロ（ファーストリテイリング）、77Victoria's Secret、78Vivo、79Volkswagen、80Xiaomi、81Zara、82Zegna、83ZTE

※このほか、京セラ、しまむら、良品計画（無印良品）に関与の疑いがもたれている。

ノサイドおよびウイグル強制労働と結びついてしまいました。上述の「UYGHURS FOR SALE」によると、世界的な八十三の有名企業がウイグル強制労働と関わりがあり、その中に日本の十一の企業が含まれていました。実際に掲載された企業八十三社は上掲表の通りです。

　これを受けて、認定NPO法人ヒューマンライツ・ナウと日本ウイグル協会が、報告書に掲載された日系企業十一社に、同じくウイグル強制労働に関与の疑いのあった日系企業三社を加えた計十四社に取引停止を求めたところ、無回答の一社を除いた、十三社が関与を否定しました。

日本はウイグルジェノサイドの実行役である中国の軍事企業と貿易をしている

新疆生産建設兵団はウイグルジェノサイドの実行役であり、ウイグル人に強制労働を強いています。二〇一九年七月、米国は兵団とその最高幹部二人に対して制裁を発動し、兵団傘下にある全企業の製品を米国に輸入することを禁止しました。また二〇二二年六月二十一日、米国は「強制労働防止法」を施行しました。

ウイグルの三つの金と言われている資源の一つが、「白金」とあがめられる「新疆綿」です。「新疆綿」は現在世界三大ブランドの一つであり、世界綿需要の二十パーセントを占めています。この「新疆綿」をめぐって、日本企業「ファーストリテイリング」が展開するユニクロの綿製シャツが、新疆での強制労働との関係を疑われ、二〇二一年一月、米税関・国境警備局（ＣＢＰ）によってロサンゼルス港で輸入を差し止められました。これを受けて、日本の下着大手の「グンゼ」は、二〇二一年六月中旬、新疆産の綿花の使用を中止する方針を明らかにしました。

ウイグルの二つ目の金で「紅金」と呼ばれるトマトについては、日本の食品会社「カゴメ」が新疆産のトマトペーストをソース類に使うことを、二〇二一年中に中止することが明らかになりました。

ウイグルの三つ目の金で「黒金」と呼ばれる石炭についてですが、石炭火力発電所の電力が、太陽光パネルの材料ポリシリコンを製造するのに使われています。「世界のポリシリコンの九十五パーセントがウイグルで生産されており、その全てがウイグル強制労働と結びついている」とラジオ・フリー・アジアが報じました。二〇二一年六月二十四日、米国商務省は、太陽光パネルの原材料であるポリシリコンなどを製造する、兵団を含む中国メーカー五社を、アメリカ企業と事実上取引できなくなるエンティティリストに追加したと発表しました。エンティティリストとは、商務省が輸出管理法に基づいて、国家安全保障や外交政策上の懸念があるとした企業リストのことです。リストに追加されたのは、ホシャイン・シリコン・インダストリー（合盛硅業）、新疆ダコ・ニューエナジー、新疆イーストト・ホープ・ノンフェラスメタル、新疆ＧＣＬニューエナジー・マテリアル・テクノロジー、そして新疆生産建設兵団（ＸＰＣＣ）です。

ウイグルジェノサイドに関わる企業と強制労働の問題で、民主主義国家は歩調を合わせています。しかし、日本だけが国家として「制裁」に向けて動くことなく、太陽光発電は「クリーンエネルギー」であるとして、中国企業の太陽光パネルとメガソーラービジネスを受け入れています。もちろん日本でも、日本の安全保障に関わる最重要インフラの一つである電力事業に、低コストを武器に他国を圧倒して参入する中国企業のメガソーラービジネスの問題点が指摘されていました。メガソーラー事業は「ＦＩＴ制度（固定価格買取り制度）」により売電価格が決まっているため、安定した利益が見込めます。その結果、日本は毎月巨額の利益を中国に献上しているのです。

さらに東京都と川崎市は相次いで、国に先行して一戸建て住宅を含む新築する建築物への太陽光発電パネルの設置を義務化し、二〇二五年四月の施工を目指しています。これにより多くの中国製太陽光パネルが、日本に輸入されることになります。

中国製の太陽光パネルが「ウイグル強制労働」によって生産されている、という指摘は日本でもなされていました。しかし、生産と供給網の大本が、欧米社会から「強制収容所を運営しウイグルジェノサイドを実行している」と批判され、制裁を受けている新疆生産建設兵団という軍事巨大経済集団であることは、まだ多くの日本国民は知りません。メガソーラー事業と太陽光パネル義務化により、日本国民の金が中国共産党とその軍事企業に直接流れることも、まだほとんど理解されていません。

これは太陽光パネルに限った問題ではありません。綿やトマトをはじめ、新疆生産建設兵団の企業が販売している全ての製品を問題視すべきです。欧米社会が、兵団を母体とする、またその傘下にある全ての企業に制裁を加えているのに、それらの企業の製品を日本が受け入れれば、国際社会と日本の足並みが乱れることになります。日本はウイグルジェノサイドとウイグル強制労働に加担するだけではなく、日本国と日本国民の金が直接中国の軍に流れることになるのです。

「中国にも良い人、良い企業はある」というような主張もありますが、中国の政府機関と企業は、組織内に置かれた中国共産党の党委員会に指導されていることを強く認識すべきです。真の平和を追求するのであれば、アジアと世界の人権と平和を求めるために、日本政府、そして日本国民の正しい判断が不可欠です。

第八章　習近平とウイグルジェノサイド

おわりに

「歴史」と「現実」から見える中国の本当の狙い

習近平率いる中国共産党政権の、ウイグル人ジェノサイドを通して達成しようとする目的は、ウイグル人から住み慣れた故郷を奪い、漢民族を大量に入植させて人口逆転を実現し、ウイグルの内部に兵団の十四個の師団と三百八十万人を配置した「安全島」を作り、国境線には国防軍を置くことで、最終的に新疆ウイグル自治区を生産建設兵団が呑み込もうとするものです。

中国共産党政府は「新疆は古から我が国の固有の領土である」と主張しています。しかしウイグルの現実は、一九四九年に建国した中華人民共和国のいうウイグルの「古からの歴史」とは異なります。中国最後の王朝・清王朝が称した現在「新疆」と呼ばれている地域は、歴史的にトルキスタンの東、「東トルキスタン」と呼ばれています。トルキスタンという名は一九二四年まで続き、その後ソ連がこの地を「中央アジア」と名づけました。中国諸王朝は古くからトルキスタンを「西域」と呼んできました。

七五一年に唐とアッバース王朝、ウイグル可汗国の連合軍がタラスの丘で戦い、唐が破れました。それ以降、中国（漢民族）は千年以上万里の長城の内側から出ることがありませんでした。

バヤンチュルに跪く唐の李适（「Urxun Shejerisi」より）

また疲弊した唐を追って西域の人・安禄山が二十万の大群で唐の長安まで迫った時に、ウイグル可汗国のバヤンチュルが唐を助けたことがバヤンチュル石碑に書かれています。またバヤンチュルのもとを訪れた唐代宗の長男李适（後の唐徳宗）が、バヤンチュルに跪いた絵などが残されています。

しかし、内乱とキルギスの侵攻により、八四〇年、ウイグルは敗北してトルファンに移りました。その後、甘州ウイグル王国、天山ウイグル王国、カラハン王朝、カシュガリアなどの独立国家を建てて生き延びてきました。

一七五五年、満洲族による征服王朝であった清朝が先にジュンガリアを、後にタリム地域を占領しました。一八八四年に清朝が省を設置し、「新たな領土」という意味の「新疆」と名付けました。しかし一八八四年以後、ウイグル人の祖国を取り戻す戦いは止んだことがありません。一九三三年に東トルキスタンイスラーム共和国、一九四四年に東トルキスタン共和国が建国されました。

一九四九年の「和平解放」の前後と、その歴史的背景は既に述べました。東トルキスタンの人民は「国のリーダーが飛行機事故で殺され、情報が隠蔽され、解放軍が入ってきた」という屈辱から、中国共産党を受け入れることはありません。中国共産党に支配されてからも、四百六十回にわたって共産党政権を追い出そうと立ち上がってきました。

中国共産党がウイグルジェノサイドを実施し、三百万以上の人々を強制収用して「中華民族」に改造する背景には、中国共産党を侵略者と認識するウイグル人をはじめとする東トルキスタンの民衆に対する恐怖があります。ウイグルは中国全領土の六分の一を占める大きな自治区であり、周りの国々とは人種、言語、文化、宗教で繋がっています。ウイグルが独立して周りの国々と連盟でも作り、世界約二十億のイスラームテュルク世界の一部になることを、イデオロギーと文化が全く異なる人口約十三億の中国は恐れています。万里の長城内にまた戻ることにでもなれば、十三億の民を養えなくなる、という悪夢が中国を待っているからです。

レスター・R・ブラウン著、今村奈良臣訳『だれが中国を養うのか』(ダイヤモンド社)は、二〇三〇年に中国の食糧危機が訪れ、世界の食糧事情が圧迫されることを明らかにしています。中国共産党政府は「中国を養うのは中国自身」としながらも「二〇三〇年の食糧危機に向けて冷静に構えている」と、食料危機があり得ることを一部認めています。

ウイグルは中国最大の食糧生産基地でもあります。またウイグルとつながる中央アジアやアフガニスタン、パキスタンなどの国々は農地や鉱物資源が豊富です。

一帯一路をはじめとする各経済回廊は、中国のエネルギー需要を満たし、十三億人を養う生命線です。つまり中国の存続に関わる重要な戦略です。ウイグルジェノサイドの裏にある中国の本当の狙いは、ウイグルを消し去り、共産党に忠実で均質な中華民族共同体を作ることによって、党自身が「生き残る」ことであると言えるでしょう。

恐怖からくる「生き残る」ための戦略が、ウイグルジェノサイドに繋がりました。子供たちが親から離され、言葉を奪われました。大人は強制収用され、今は大勢が監獄にいます。たくさんの人々が死に、生き残った者は強制労働で「改造」されています。女性には強制不妊手術が施され、中国人が組んだレイプツアーの対象になりました。

中国共産党はこのような「人道に対する罪」を犯し、私たちの心に深い傷を負わせ、憎しみの種を植え付けました。修復できるとは思えません。ウイグルがこれで終わるとは、私たちウイグル人は思っていません。中国共産党が成功するとも思っていません。

「中国共産党政権が行っているこの残酷極まりのない犯罪・ジェノサイドは、かえって私たちを強くする」

これが今のウイグル人の心境です。

当事者同士が真摯に向き合える機会を作ってくださった方々への謝辞

そんな中、とても良いニュースが耳に入りました。二〇二三年十月末、二日に渡って日本で「国際ウイグルフォーラム」が開催され、約二十カ国の国会議員やウイグル問題の研究者やジャーナリストら約二百人が参加されるとのことです。日本からの登壇者は、国会議員やジャーナリスト、そして東京大学の阿古智子教授や平野聡教授をはじめとする研究者たちです。これらの方々のウイグル問題に対する発信は、私たちに貴重な勉強の機会、そして漢民族の方々と向き合って話せるきっかけを与えてくれています。

平野先生の「これぞ動かぬ証拠〝新疆ジェノサイド〟示した中国統計年鑑」を読んだ大勢の漢民族の友人らが、それまでの「半信半疑だったことを反省している」と連絡をくれました。私たちは平野先生の発信によって、ウイグル問題およびその未来について、当事者同士が話し合う貴重な場の扉が開けられたと感じています。

阿古先生のテレビやマスメディアにおける公正かつ穏やかで優しさに溢れるコメントや発信は、私たち在日ウイグル人にとって、客観的に自分自身を見つめ冷静になる、大きな流れの中で未来と平和に向けてどのように歩み寄るべきかとの指標になっています。
ここで誠に勝手ながら、お二人をはじめとする日本でウイグル問題に対し公正かつ中立に発信されている多くの研究者、ジャーナリストの方々に心から深く感謝を申し上げます。

本書では、文中でウイグル語から引用する人名、地名などはウイグル語の発音にもっとも近いカタカナで表記することを心がけました。例えば「Burxan Shehidi」は日本では通常「ブルハン・シャヒディ」と表記されていますが、私がウイグル語を読み日本人の方に確認をとりながら、ウイグル語に一番近い発音の「ブルハン・シェヒディ」と表記させていただきました。地名についても同じです。また本書は一般書ですので、読者が如何にして読み易いかを考え、巻末の最重要参考文献と本文中のウイグル語をはじめとする外国語の引用文献の出典を日本語に訳して表記しています。

本書の執筆にあたり、多くの方々のお世話になりました。
二年ほど前、恩師である神奈川大学名誉教授の小林一美先生から、「基礎研究はしっかりやらなければならない」との大切な言葉を頂きました。この言葉を受け、ウイグルで起きていることとの歴史的背景と原因について当事者の一ウイグル人として向き合う必然性を強く感じ、資料探しから始め、今日に至りました。小林先生はお忙しい中、また八十六歳のご高齢でありながら、校正について真摯にご指導をしてくださいました。本書の解説を引き受けてくださったご恩は一生忘れません。本当にありがとうございました。

千葉大学の児玉香菜子教授にも心から感謝を申し上げます。児玉先生の優しさと大きさに救われて頑張ることができました。

最後に、拙い本の出版を引き受けて下さったハート出版の皆さまに心から感謝を申し上げます。編集者の西山さんは、私の分かりにくい文章と日本語に根気強く対応していただきました。心から深く感謝を申し上げます。

歴史は取り返しがつきませんが、憎しみが憎しみを生む構造の前に、悲劇を繰り返さないよう修正できる可能性はまだ残されていると、私は固く信じています。

ありがとうございます。

二〇二三年十月吉日　ムカイダイス

解説：長い人類史・世界史の中でウイグル問題を考える

小林一美（神奈川大学名誉教授）

著者のムカイダイスさんとは、もうかれこれ二十年ばかり前に、私が勤めていた神奈川大学で知り合い、彼女からウイグル人の苦境の数々を興味深く聞いたことがある。それからすぐ私は退職したので、かなり長く連絡が途絶えていた。

しかし、三年ほど前から、彼女がウイグル人の民話や詩、民族全体の政治的経済的文化的な窮状、知識人・学生の悲惨な状況を広く世に伝える活動をし、数々の出版物を世に送り出していることを知った。まだ少女のようだった学生が、けなげにも、家族や同胞の苦境を救おうと勇敢に活動しているのだ。私は嬉しさと懐かしさですぐ連絡をとった。

著者の活躍ぶりは、インターネット上で検索すれば細かいことがわかる。これまで日本で刊行されたウイグル問題に関する類書のほとんどは、欧米人の立場から中国政府による民族絶滅政策や文化伝統破壊への抗議を行うものであった。

しかし、本書は、在日ウイグル人が中国共産党・国家側の資料や自民族、国連等の世界諸機関の資料を使って、「いかにして中国共産党がウイグル人の土地を征服し、民族の自立を抑圧し、民族文化と伝統までも消し去ろうとしているか」を検証し、その侵略の本質と欺瞞に満ちた政策の歴史を赤裸々に実証しようとしたものである。また、今の日本人もウイグル人抑圧に無関係でないことも厳しく指摘している。


本書が詳しく紹介した「新疆生産建設兵団」によるウイグル征服の歴史は、もともとは秦の始皇帝と前漢の武帝が築いた中華帝国の周辺の、遊牧民や西域地域に対する進出、占領、征服を踏襲したものである。実に中華帝国においては二千年も昔から行われていた古典的な地政学的進出政策である。もちろん、それらをはるかに超える規模と質量をもつものであるが。

始皇帝より前の戦国時代に、秦、魏、趙や燕国などは、長城を築いて西北から侵入してくる遊牧狩猟民の国（匈奴）に対抗していた。始皇帝は全国統一後に、それらを再利用しながら「万里の長城」を完成した。続いて中華帝国の基礎を築いた前漢の武帝は、西域に張騫を派遣して以来、霍去病・衛青など有名な将軍を頭にする大規模な遠征軍を送って帝国の版図を広げた。

それ以外に、始皇帝と武帝がやったことは、全国に溢れていた敵対勢力や不満分子や敗残兵等数十万を、強制的に長城一帯や河西回廊やオルドスなどの黄土地帯に移住させたことだった。以来、歴代の中華王朝は、皆同じ方法をもって国内の敵対勢力を辺境一帯に、強制的に追放し、国家の防衛線にしたのである。

逆に遊牧民もまた、連合国家の匈奴帝国、突厥帝国といった巨大な国家機構をつくって、万里の長城や辺境防衛線を突破し、中国領に深く侵入したりした。以後、彼らの後輩たちは鮮卑族を中心に北魏という国家を足場にして中華世界に進出し、ついに「大唐帝国」のような輝かしい世界帝国を作ったのである。大唐帝国は単なる中国王朝ではなく、元々は遊牧民主導で始まったユーラシア大陸に輝く国際的帝国であった。

中世には、モンゴル帝国以来、遊牧民はロシアの地やペルシャ等の西アジア、西南アジアにチムール帝国、ムガール帝国、オスマン帝国等々を、また遥か遠くのエジプトの地にもマムルーク朝を生み出したのだった。しかし、近代世界に入ると、海が世界交通・貿易の中心舞台になり、遊牧世界は衰退していった。

第二次世界大戦後に世界中で信奉されたマルクス主義の唯物史観＝「世界史の段階的発展法則」を信奉した旧共産圏諸国では一般的に、「遊牧民とは文化が低く野蛮で、都市文明を作らず、近代科学技術文明とは縁もゆかりもなく、あたかも流砂のように流れ来、流れ去った前近代の人々である。彼らを自由にさせると文明社会にとって危険であり、土地に定着させることこそが彼らのためになり、歴史の進歩である」とされ、共産主義圏ではほとんど絶滅されるに至った。

遊牧狩猟民の故郷のモンゴル高原から中央アジアの草原地帯での生活は、実に過酷な世界だった。草原が緑に映える春五月に大雪でも降れば、たちまち羊は何万、何十万と死んだ。人々は否応なく故郷を捨てて、よそに大移動せねばならなかった。逆に生産が上がり、草原が羊の群れで覆われる豊かな時代が続くと、人口が爆発的に増え過剰人口を周辺に吐き出さねばならなかった。遊牧民同士の衝突や離合集散も絶えなかった。

しかも、遊牧民は羊と牛や山羊等々の肉と皮を都市民に売り、塩や鉄や茶や日用機材・工具類を商人から買わねばならなかった。また、シルクロード等々の東西交易路を確保し、金貨・銀貨・陶器や穀物や絹布を入手し輸送し、他の豊かな世界に売り出して、金を儲ける必要もあった。これ以外に現金収入がなかったからである。

だから広大な世界を自由に往来する遊牧狩猟世界の諸民族には、固定化された国境や領土といったものは必要がなかった。いや、むしろ固定化された国境や国土などは、移動の自由を運命づけられた遊牧民には、生存の基盤を脅かす障害物以外の何物でもなかった。

逆に農業生産を中心として都市文明、物質文明を積み上げる古代都市文明国家、たとえば中国やインドの古代国家、チグリス川、ユーフラテス川やナイル川下流に生まれた古代国家は、城郭都市をつくり、農耕地域を守り、狩猟採集民の農民への定住化を推し進め、国境を定めて農耕文明とその都市を守ることが絶対的に必要なことであった。かくして広大なユーラシア大陸では、遊牧民と農耕・都市民との戦争と融和が繰り返され、両者の興亡は二千年もの長きにわたって、延々と繰り返されることになったのである。

遊牧民は移動する、農耕民は死守するという動・反動の歴史は、多くの場合遊牧狩猟民の勝利に帰し、前記のように遊牧民主動の数々の大帝国を生み出したのであった。

ウイグル人の祖先であるトルコ語系の諸部族は、古来ユーラシア大陸の東側で多くの遊牧国家（柔然、高車、突厥、回紇）を作った。我々日本人は、ウイグル人と言えば、中国の新疆ウイグル自治区の人々だけが頭に浮かぶ。しかし、ウイグル人は実は広大な世界にその親類縁者や同じトルコ語系の仲間を持っているのである。

著者が学生時代に私に言ったことだが、今のトルコ国民の公用語のトルコ語は、半分くらいは分かる。同じトルコ語同士の方言の差に過ぎない、と。トルコ系の諸部族は、元はモンゴル高原から一斉に中央アジア、西アジアに大移動し、広大な世界に分散して生きてきたのである。

森安孝夫『シルクロード世界史』（講談社選書）に、トルコ語系言語を「公用語」にする国、地域が次のように記されている。東トルキスタンの新疆ウイグル自治区、西トルキスタンのキルギス、カザフスタン、ウズベキスタン、トルクメニスタン、およびトルコ、アゼルバイジャン等々。

私がトルコを旅行した時、トルコ人とウイグル人とは、顔つきも皆似ているように感じた。どこも、多少なりとも血や言語や故郷を共通にしていて、今でも大いに親近感をもって生きている。では、現在、彼らがなぜウイグル人を助けに来ないかと問えば、いったん定住者中心の国家が生まれれば、武装した国家権力は国民を支配し、共同幻想で包まれた国民は同じ民族同士でも、なかなか助けに行く危険を冒さないものである。

昔、東ドイツと西ドイツは壁を挟んで長く敵対していた。また、今、長く兄弟国民であったロシア人が、ウクライナ人を大量に殺して土地を奪おうとして戦争をやっている。朝鮮民族は半世紀以上、南北ふたつの国家に分裂している。国家というものは、実に複雑で矛盾に満ちた存在だが、人類はなかなか克服できないのだ。

私がイスタンブールで乗った観光バスの日本語案内嬢（イスタンブール大学卒）は、「自分の血には、ロシア人、西洋人など五つの血が混じっている。だから私は五か国語ができる。我々の祖先のトルコ人は、遊牧生活をしながら、モンゴル高原から千年かけてこの地にたどり着いたのだ。私は日本語専攻だから、近いうちに日本に留学する」と流ちょうな日本語で、バス内全員の日本人観光客に放送した。

私は、こんな遊牧民の祖先と千年余も民族大移動のことを自由に自慢げに話す若い案内嬢に感嘆した。「ああ、トルコ語系諸民族は、もともとは本当の国際関係人だったのだな！」と大いに納得したのであった。

遊牧民の壮大な大移動の事例としては、二十世紀に二十年をかけてアルタイ山脈からトルコ迄、二万余キロ移動したカザフ遊牧民がいる（松原正毅『カザフ遊牧民の移動』平凡社）。

著者が日本に紹介した『ウイグルの民話』（河合直美共著、鉱脈社）を最近読んでみた。驚いたことに全二十六話に共通しているのは、人間が他の鳥や獣や鼠などの動物のほとんどと何ら変わらず、騙したり、騙されたり、助けたり、助けられたり、食ったり食われたり、叩いたり叩かれたりして、共に生きる姿が素朴に語られていることであった。自然界に生きる生物はみな共に生きる仲間なのである。一神教のように人間が世界の中心にいて特別に神に使命を与えられているというような、人間だけが尊大な世界観、宇宙観が全くない。

民話に出てくる動物は実に多い。熊、虎、狐、驢馬、狼、烏、百舌鳥、蛇、蠅、蚊、雀、鼠、猿、兎、象、犬、猫、牛、燕、鹿、山羊、羊……。人間では「悪者」の王様とその妃、闘鶏屋、食肉業者と普通の人と少年などで、そもそも人間が主人公である民話は四つくらいであり、ごくわずかである。ここに登場する生物は人間も含めて全てが同位同格なので、人が全く出ていなくてもよいのだ。とりわけ人間が偉いとも、正しいとも、利口だとも、強いとも考えられていない。

「太陽と月と雄鶏の三人の兄弟が仲良く暮らす話」
「傲慢な像を、蚊と蠅と蛙が協力して退治し、森の生き物全ての食料にしてしまった話」
「狐が、威張る虎や熊を追い払った話」………

今の日本人からみれば不合理、不釣り合いの話が実に多いのである。これは中沢新一が説く「対称性無意識」の、まだ国家なき、一神教なき、近代合理主義のない時代の、普遍的精霊たちが支配する世界の自然観の故であろう。ウイグル人たちは、現実の矛盾に満ちた優勝劣敗の世界を、はるかに乗り越えた崇高な理想の社会を、その想像力で作り出していたのだ。

しかし、天地創造や国家誕生に関する神話が一つもないのは、イスラム教が一般化した影響であろうか？　それとも、一神教を越えて生き続けたのか？　著者には、今後も民話、神話を深く広く発掘して、最初の人類哲学の本質を考察していただきたいと思う。ユング心理学の学者・河合隼雄の『物語と日本人の心』(岩波現代文庫。他に同じシリーズ文庫がある)が大いに参考になるだろう。

本来、東トルキスタンのウイグル王国では、十世紀まではマニ教が国教になっていた。西域に仏教が伝わったのは早く、大唐帝国の頃には西域で大いに栄えていた。十一世紀からは仏教が本格的に栄え、多くの仏教遺跡を今に至るまで残している。「東トルキスタン全体が完全なイスラム世界になるのは、モンゴル帝国が滅びてからかなり後の十五世紀後半からに過ぎない」(前掲・森安孝夫書)。

しかも、遊牧民は広大な世界に家族ごとに散在散居して羊を追って暮らしていたから、集団で固まって生きる大都市民や農耕民のようには、一神教の教義を生活全般にまで深く浸透させることは困難であった。東トルキスタンの地で、古から長く栄えていた仏教は、「色即是空、空即是色」を根本に置く最初の普遍宗教であったから、この土地には、元々一神教のような人間中心主義の世界観はなかったのだ。

イスラム教徒になったウイグル民話には、「豚」だけは一つも出てこない。しかし、どの生物も運命を全てアラーの命に任せた話は一つもない。全ての生物には尊卑・貴賤・高下・優劣の差異が全くないのである。普通動物の王とされる虎と熊とて、決して一番強くもないし、たいして威張ることもない。人間にも、他の動物たちにも劣る連中がいっぱいいる。生きとし生けるもののすべてが、中沢新一がいう「対称性無意識界」の存在なのである。「対称性」とは数学用語で、点と線がいつも同じ平行線上・対象上にあって変化しないこと。ここでは、人間も他の全ての動物と並んで同じ位置に存在し、特別偉い存在と考えない「無意識の意識」をいう。つまり、人と他の自然界の動物は、いつも互いに入れ替え可能な同一の類的存在である、という人類最初の哲学なのである。中沢新一は、人間性とはヒトがクマになり、クマがヒトになるというような、生きとし生きるものに共感する心を言うのだという（『熊から王へ』『対称性人類学』『野生の科学』、共に講談社）。

近代人が万能だと誇る近代科学技術文明は、いまや地球上のすべての生物の環境基盤・地球の生態系全体を破壊している。

人間だけにしか尊厳を認めないキリスト教という一神教世界が生み出した近代科学技術

文明は、実は反文明・反自然の傲慢な人間中心主義的なものなのだ、と主張する中沢新一の対称性人類学では、「ウイグルの民話」の中に、本来人間のあるべき真実の姿、自然の姿を発見したということになる。人間が威張って主人公にならないウイグル民話の中にこそ、生命の尊厳の何たるかが、すでに暗示されているのだ。

しかるに、こうした哲学をもたず、ただ人類社会は発展し続けるという歴史発展史観をもつ中国共産党と漢族の大多数は、「ウイグル、モンゴル、チベット等の少数民族は、今でも古代や中世の世界、遅れた原始氏族制社会や古代奴隷制や・封建農奴制の社会に暮らす後進的民族であり、先進的な中国共産党が慈悲をもって改革してやるのだ」、「彼らに教え、遅れた社会から救い出し、近代文明の恩恵に浴させてやるのだ」という、実に傲慢な意識をもっている。

しかし、中国共産党は、建国の事業を急ぐ必要があり、古来中華帝国がやってきたように、まず駐屯軍・屯田兵をここに送り常住させ、政治を安定させてから教育を始めようということで「新疆生産建設兵団」なるものを派遣したのである。

本書は、こうして始まった「新疆生産建設兵団」（辺境防衛のための「懲罰・島流し屯田兵」）

の目的と実行過程と本質を、中国側の資料を多く使って、詳細に研究したものである。本書によって、新疆省のウイグル自治区が、中国共産党の策略によって、いかに狡猾且つ残忍な方法で奪い去られていったか、かなり明らかとなった。

一九五〇年代からの三十年間の毛沢東時代、私が日本で買って読む中国雑誌や書物には、少数民族の世界の恐るべき後進性、地主や領主の残酷無情の人民支配、搾取される人民の悲惨極まる地獄のような話ばかりが掲載されていた。中国共産党が、古い寺院や封建牧主を打倒して、この哀れな人民たちを解放して、みな平等で自由な人間にしてやるのだ、われわれ中国共産党の少数民族にたいする政策は、人道主義に基づくものなのだ、という記事や論文で満ち溢れていた。

今でも中国人の多数は、「チベット人、ウイグル人、モンゴル人は辺境に住む無学無知の貧しい人々であり、自由気ままにするとテロなど過激な手段で反抗するので大いに危険だ」と思っている。従って、彼らを「中国人化」にするのは良いことであり、中国語を第一言語にして、民族語を廃止する方向の同化政策は彼らのためにもなると思っている。

しかし、今世界では、少数民族、先住民族の言語文化権利を回復し、尊重し、過去の誤りを正す運動が盛んである。しかし、現在中国では、十九世紀の帝国主義時代の完全植民地化政策が、いやそれ以上に野蛮な、世界の新潮流に逆行する蛮行が進行している。中国人が、一人ずつ各家庭に迄入って寝食をともにして「監視」するという、前代未聞な人権無視の蛮行迄やっている。

そもそも今や、全ての国家を解消・揚棄して、国連と今世界に無数にあるNPOとNGO等々を中心にした一つの地球政府に統一する時代が否応なく迫っている。ロシアと中国がやっている「民族や帝国の偉大な復興」政策は、世界史の進行と人類文化の進化に逆行しているものと言わねばならない。日本でも、明治維新で三百に近い「藩」（半国家）が消滅したが、各地の祭りや民謡や地域文化、地域スポーツはなくならなかった。地球政府ができても、各民族、各地域の言葉や文化や習慣を守りより一層高めることは可能である。最後に中国ばかりでなく、人類と地球の未来の運命まで左右しかねない中国共産党の歴史と体質、本質について書いておきたい。

中国共産党には、三つの源流があり、この三つが合体統一して、今日の独善的な国家体制になった。

一つ目は、「世界共産主義革命のイデオロギー」である。マルクス、エンゲルス、レーニン、スターリンを師と仰ぐ、世界解放運動のイデオロギーで、プロレタリア階級の世界政府を作る。ロシア革命に心酔した多くの中国人青年が、西洋やロシアに留学して、共産主義の世界革命の一環として中国革命を成功させるようという展望を打ち出した。その中で、トロツキー派は、スターリンがトロツキー派に勝利した時、中国人のトロツキストは粛清された。残った中国共産党員は、皆スターリン派だけになった。彼らが帰国して、中国革命の戦闘部隊、理論部隊になった。

毛沢東時代までは、革命イデオロギーが高く掲げられていた。しかし、毛時代は土地革命、革命の世界輸出、党内粛清で、数千万人もの人命が失われるという暗黒の世になった。これによって、対外開放以後、階級闘争と国際主義は完全に放棄され、「インターナショナルの歌」までが事実上禁止されるに至った。中国共産党はいまや、マルクス主義の革命政党とは全く縁を切ったのである。

二番目に来たのは、「中国の栄光を生産力の爆発によって達成し、欧米日に追いつくという富国強兵の路線」である。

アヘン戦争以来、中国は欧米日露の帝国主義の争奪戦場になり半植民地化の中で、日本との戦争によって国内は分裂割拠、最後には国共内戦となった。建国後の毛路線による共産主義政策が完全失敗した反省から、かつての欧米日の富国強兵策を中国共産党がやるという、これまでの路線とは逆転する政策に切り替えた。

鄧小平時代の対外開放、富国強兵においては、まず豊かになることが先決だとした。毛沢東時代には弾圧されていたインテリゲンチャ、学者、学生全員が「向銭前進!」(金儲けに向かって前進せよ)と苦笑しながら、資本主義国に雪崩のように留学した。もともと、建国前に共産党に入党した欧米留学生組は、共産主義による世界革命は方便で、中国を欧米日本のように近代的で豊かな国家国民を作ることが究極の目的だった。だから、毛沢東路線が大失敗すると、狐憑きが一挙に目覚めたように、個人と国家の富裕に向かって怒涛のように進撃した。

毛沢東時代までは、歴代の農民反乱、宗教反乱、宗教的秘密結社の運動を、天まで持ち上げ、賛美絶賛していた。しかるに、今や歴代の一切の民衆運動、反乱反抗運動は、すべてが国家転覆罪にされて弾圧される。党の絶対王政主義は、頂点に達したといわざるを得ない。国内の人はすべてが中国国民であり、皆同じ言葉を話し、同じように党の指導に従い、党の命令を守り、絶対に規律に反する行動をとってはならない、とされるに至った。

鄧小平以後の生産力の爆発は、一九八〇年代から二〇一〇年まで三十年間続いた。今や中国は、富国強兵に成功した国として欧米日などこれまで長く先進国として世界を支配した国に挑戦している。その原因は、国内に優秀な学者、知識人が非常にたくさんいたことである。しかも、中国共産党は毛時代に階級闘争で地主・農民の土地を没収して、土地を国有にしていた。そのため、欧米日の資本・科学技術・資本・市場を生み出すために、国有地をほとんどタダ同然に、外国資本・企業に提供した。世界の資本と技術が洪水のように中国大陸に流入した。一流の学者、学生たちは、欧米の有名大学に雪崩のように留学し、技術と知識を持ち帰った。かくして、セメントと鉄の工業がたちまち大都市を覆った。多くの都市に高層ビルが建ち、全国に高速鉄道、高速道路が張り巡らされた。こうして、毛沢東時代を全く否定する国家独占資本主義が誕生した。しかるに、共産党は、この繁栄は共産党が全部自分たちだけの努力と指導でやったものと言い始めた。実は、毛時代に弾圧されていた知識人、学生が救国のために猛勉強し、大いに奮闘したからである。

しかし、疑問を持った知識人は「共産党はウソを言っている。何の資格と功績によって国民の上に君臨する資格があるのか？」、「共産党は農民から土地を奪って国有化し、その土地ころがしで、一時的に成功しただけだ」と言い始めた。

そこで、中国共産党は、三度目の大変身をするのである。国民の共産党支持は、これから少子化、経済の急減速、膨大な貧富の格差の増大、戦狼外交と高圧的な海外への進出等々による、中国共産党の正当性と存在価値を根底から揺るがしつつある。

こうした窮境に立たされた中国共産党は、毛沢東以来の「恐怖政治」へと急旋回し始めた。それが「中華民族の偉大な復興」、つまり中華帝国への祖先帰りなのである。毛沢東は「マルクス＋秦の始皇帝」と自称した。しかし、今やマルクスの「階級闘争史観」は完全に放棄され、古い中華帝国の理念に完全に先祖返りしたといってよい。

最後の三つめは「中国共産党の専制を、中国歴代の帝王の如く死守する」ことである。第三期目に入った習近平の独裁体制は、益々危機的状態になりつつある。

中国共産党は、一九二〇年代から、長い地下時代活動が続いた。この党は極端な暴力的「秘密結社」であった。彼らが餌食にしたのは大地主・大金持ちであり、裏切り者とされた党員は、ほとんどが粛清され、処刑された（拙著『中共革命根拠地ドキュメント』御茶の水書房刊を参照されたい）。

最近の習近平を見ていると、大明帝国の朱元璋（洪武帝）に似てきた。いや、ある一面は毛沢東にも似てきた。毛は、チベットやモンゴルの寺院を徹底的に破壊している。習近平は、ウイグルの古くからのイスラム寺院をすべて破壊している。チベットでは、観光用に有名寺院だけは「形だけ」再建した。人間の生物としての本能・本性は、この一万年ほとんど変化していない。いつ新しいスターリン、毛沢東、ヒトラーが出現してもおかしくない。現にプーチンが戦争を始めているではないか。

著者には、今後中国共産党のウイグル政策の本質を、「新疆生産建設兵団史の研究」を基礎にして、より精緻に、より本格的に研究して頂きたいと思う。また、ウイグル問題は今の日本人とも密接な関係があることを教えていただきたい。さらに、ウイグルに伝わる、大昔からの民話、神話、物語をもっと広くとっと深く発掘し、それらの中から、人類の未来を照らす「人類最古の哲学＝対称的無意識・流動性知性」（中沢新一『対称性人類学』講談社）及び柄谷行人が人類史の未来に向けて提起した「贈与と返礼による原始時代の交換様式Aのより高次な回復による交換様式Dの社会論」（柄谷行人『世界史の構造』、『力と交換様式』共に岩波書店）につながる研究をと、大いに期待したい。

最後にもう一言。本書がウイグル解放を通じて、中国人民を解放し、ついには、初期国家誕生以来、戦争を絶えず生産し続ける唯一絶対の装置「国家」の止揚にまで射程を持つ研究へという、更なる飛躍への第一歩になることを心から願っている。

二〇二三年八月

参考文献（一部）

中国語の文献

「新疆軍区公布成立生産建設兵団的命令（一九五四年十月七日）」『新疆生産建設兵団工作文献選編（一九四九―二〇一四年）』中共中央文献研究室・中共新疆生産建設兵団委員会編 2014年11月 中央文献出版社

「国務院关于新疆生産建設兵団生産业務領導問題的批复（一九五五年八月二十四日）」『新疆生産建設兵団工作文献選編（一九四九―二〇一四年）』中共中央文献研究室・中共新疆生産建設兵団委員会編 2014年11月 中央文献出版社

「中共中央、中央军委关于撤销新疆军区生产建设兵团的批语（一九七五年三月二十五日）」『新疆生産建設兵団工作文献選編（一九四九―二〇一四年）』中共中央文献研究室・中共新疆生産建設兵団委員会編 2014年11月 中央文献出版社

「中国中央、国務院、中央軍委关于恢复新疆生产建设兵团的决定（一九八一年十二月三日）」『新疆生産建設兵団工作文献選編（一九四九―二〇一四年）』中共中央文献研究室・中共新疆生産建設兵団委員会編 2014年11月 中央文献出版社

「国務院关于調整新疆生産建設兵団計画管理体制和有关問題的通知（一九九〇三月三日）」『新疆生産建設兵団工作文献選編（一九四九―二〇一四年）』中共中央文献研究室・中共新疆生産建設兵団委員会編 2014年11月 中央文献出版社

包雅钧『新疆生産建設兵団体質研究』5頁 2010年10月 中央編訳出版社

馬大正『国家利益高于一切』２００２年12月　新疆人民出版社

馬大正『新疆生産建設兵団発展の歴程』２００７年　新疆人民出版社

張安福『西域屯開与兵団発展研究』２０１１年　新疆生産建設兵団出版社

新疆生産建設兵団発展史編纂委員会『新疆生産建設兵団発展史』１９９５年版　新疆人民出版社

李福生・方永楷『新疆生産建設兵団簡史』１９９７年　新疆人民出版社

宋媛『改革と治理：新疆生産兵団建設兵団国有資産管理研究』

郭鋼「兵団計画単列の前々後々」『新疆屯墾与文化研究論丛２００７』２００８年　中国農業出版社

耕石「重画新疆省区我見」張文範主編『中国省制』１９９５年　中国大百科全書出版社

『中国新疆　歴史与現状』歴声注編　２００３年　新疆人民出版社

「新疆省政府主席呉忠信呈國民政府主席蒋中正為擬具建置新疆縮小省區為四省　１９４５年８月15日　新疆政情（三）」『國民政府』國史館藏（數位典藏號:001 - 059300 - 00006 - 001）

「蒋中正電張治中新疆分省之議緩議　１９４５年10月20日　革命文獻—政治：邊務（一）」『蒋中正總 統文物』國史館藏（數位典藏號:002 - 020400 - 00039 - 028）

「張治中電軍事委員會委員長蒋中正為當緩議新疆分省之議　１９４５年10月24日　新疆政情（三）」『國民政府』國史館藏（數位典藏號:001 - 059300 - 00006 - 002）

『中共中央文献選集』第1冊　１９８９年版　第１１１頁　中共中央党校出版社
『中共中央文献選集』第7冊　１９９１年版　第７７５頁　中共中央党校出版社
「毛沢東論連合政府」89～90頁　１９４９年　北京／新華書店
包尔汉『新疆50年』「喜慶声中的不幸事件」　文史資料出版社
「毛主席为什么要决策成立新疆生产建设兵团？」
http:zhuanlan.zhihu.com/p/421433034
『新疆生産建設兵団大事紀』　１９５６年
http://www.chinaxinjiang.cn/bingtuan/btdsj/2/201408/t20140822_440200.htm
光大証券『证券研究报告』「新疆生产建设兵团了解一下？——建设兵团全梳理　２０１８年8月14日
http://xqdoc.imedao.com/1653cbdce551f3f3fcbf0b28.pdf
新疆生産建設兵団 2019 国民経済和社会発展統計
https://www.hongheiku.com/sichuan/9972.html
「The Xinjiang Paepers-DocumentNo.7」
https://uyghurtribunal.com/wp-content/uploads/2021/11/Transcript-Document-07/pdf
『回忆邓小平』（下）「邓小平同志与新疆生产建设兵团」　１９９８年2月版　中央文献出版社
http://cpc.people.com.cn/GB/33839/34943/34982/2639004.htm
陳平（新疆生産建設兵団史志弁総合処）「新疆生産建設兵団的若干歴史問題思考」
http://www.shehui.pku.edu.cn/upload/editor/file/20180829/20180829184531_5822.pdf

ラジオ・フリー・アジア　アーカイブより
https://www.rfa.org/mandarin/pinglun/xueyumantan/wlx-07182019215752.html

日本語の文献

寺山恭輔『スターリンと新疆：1931―1949年』　株式会社社会評論社　2015年
木下恵二『近代中国の新疆統治―多民族統合の再編と帝国の遺産』慶應義塾大学出版会株式会社
熊倉潤『新疆ウイグル自治区：中国共産党支配の70年』中公新書　2022年
熊倉潤『民族自決と民族団結』東京大学出版会　2020年
加々美光行編『現代中国のゆくえ　文化大革命の省察2』アジア経済研究所　2005年
平野聡「これぞ動かぬ証拠〝新疆ジェノサイド〟示した中国統計年鑑」
https://wedge.ismedia.jp/articles/-/21994
平松茂雄「毛沢東の新疆開発と新疆生産建設兵団」『杏林社会科学』2005年3月
小島麗逸「中国―漢民族による新疆の経済支配」広瀬崇子『イスラーム諸国の民主化と民族問題』1998年　未来社
毛利和子「文革期経済の諸特徴」加々美光行編『現代中国のゆくえ　文化大革命の省察2』2005年3月　アジア経済研究所
松本和久「新疆生産建設兵団における党・政・軍関係」『早稲田政治公法研究』第93号

楊海英「ウイグル人の中国文化大革命：既往研究と批判資料からウイグル人の存在を抽出する試み（中国文化大革命と国際社会：50年後の省察と展望：国際社会と中国文化大革命：フロンティアの中国文化大革命）」『アジア研究』別冊４　静岡大学人文社会科学部アジア研究センター

ＣＲＩオンライン「習主席が新疆石河子市を視察した」
https://japanese.cri.cn/2022/07/15/ARTIsyWbVOedntxvjjrtIXRV220715.shtml

大紀元「香港の中国軍駐留部隊トップに新疆武警高官を起用　民主派への弾圧強化か」２０２２年1月11日
https://www.epochtimes.jp/2022/01/84577.html

ＳＭＢＣ香港発ビジネスフォーカス　２０１７年9月29日
https://www.smbc.co.jp/hojin/international/resources/pdf/hongkong_smbcbf017.pdf

ウイグル語の文献

『xinjiang　tarih matiriyalliri』1-50-qisim ichki matiriyal　Xinjiang Helq Nexriyati　1981-2008-yil
『新疆歴史資料』第１～50号・内部資料　１９８１～２００８年　新疆人民出版社

Abdukerim Rahman（アブドケリム・ラフマン）『Hayat tiwishliri（生命の足音）』２０２１年　イスタンブール／タクラマカン出版

Hebibulla Izchi「東トルキスタン共和国の設立と悲劇的な崩壊」
https://www.akadimiye.org/ug/?p=9400

Qehriman Hojamberdi（ケヒリマン・ホジャムベルディ）『uyghurlatning siyasi tarixi 1949-2012（ウイグル人の政治歴史　1949～2012）』２０２０年　イスタンブール／タクラマカン出版

Sabit Uyghuriy（サビティ・ウイグル）『uyghurname（ウイグル伝）』２００５年　カザフスタン／アルマタ出版

Asim Baqi Oghli（アスム・バキオグリ）『Hunzirliq -Qanxorliq（血に飢える）』２００４年　イスタンブール／タクラマカン出版

Ehmet Igemberdi Nijadi（アフメット・イゲムベルディ・ニジャディ）『Hayat Menzilliri（人生の目的地色々）』２０１９年　イスタンブール／タクラマカン出版

Asim Baqi Oghli（アスム・バキオグリ）「Pinhan tutulghan Qatilliq（秘密裏に実行された殺人」『新しい命新聞』１９９２年３・５・７・10号　キルギス

「Olkimizning ismi heqqide bir-ikki eghiz soz（私たちの省の名称について一、二言）」革命東トルキスタン新聞１９４９年７月３日１５１号

Seypidin ezizi（セイプディン・エズズ）『Omur dastani ―Eslime 3-kisim（人生の叙事　第三集）』トルキスタン図書館

※こちらの本は中国国内において出版できない為にセイプディンの死後、海外にＰＤＦの形で広がった。

Nebijan Tursun（ネビジャン・トルソン）「xitayning shinjiangni bolup bashqurush tedbirliri we musapisi（中国の新疆を分割して統治する計画と道程）」『国際情勢と東トルキスタンジャーナル』２０２１年2号

Eset sulayman（エセット・スライマン）『20-esir Uyghur tarixidiki eytilmighan hikayiler Abdurehim Eysa we Uyghuristan chushi（20世紀の語られていない物語　アブドレヒム・エイサとウイグルスタンの夢）』２０２０年　イスタンブール／タクラマカン出版

ラジオ・フリー・アジア　アーカイブより
https://www.rfa.org/uyghur/tarix-bugun/tarix-bugun-08292019163843.html

https://www.rfa.org/uyghur/tarix-bugun/exmetjan-qasimi-09062018175714.html/ampRFA
https://www.rfa.org/uyghur/tarix-bugun/tarix-bugun-08292019163843.html
https://www.rfa.org/uyghur/tarix-bugun/exmetjan-qasimi-09062018175714.html/ampRFA
https://www.rfa.org/uyghur/tarix-bugun/tarix-bugun-08292019163843.html
https://www.rfa.org/uyghur/tarix-bugun/exmetjan-qasimi-09062018175714.html/ampRFA
https://www.rfa.org/uyghur/tarix-bugun/chong-aldamchiliq-09022021190326.html

英語の文献

Sheffield Hallam University
https://www.shu.ac.uk/helena-kennedy-centre-international-justice/research-and-projects/all-projects/until-nothing-is-left
https://www.shu.ac.uk/helena-kennedy-centre-international-justice/research-and-projects/all-projects/financing-and-genocide
https://www.shu.ac.uk/helena-kennedy-centre-international-justice/research-and-projects/all-projects/in-broad-daylight
https://www.shu.ac.uk/news/all-articles/latest-news/new-report-finds-world-bank-complicit-in-repression-of-uyghurs
https://www.shu.ac.uk/helena-kennedy-centre-international-justice/research-and-projects/all-projects/over-exposed
https://www.shu.ac.uk/news/all-articles/latest-news/forced-labour-building-industry
https://www.shu.ac.uk/helena-kennedy-centre-international-justice/research-and-projects/all-projects/driving-force
https://www.shu.ac.uk/helena-kennedy-centre-international-justice/research-and-projects/all-projects/evidence-briefs
https://www.shu.ac.uk/helena-kennedy-centre-international-justice/research-and-projects/all-projects/useful-resources
https://www.shu.ac.uk/helena-kennedy-centre-international-justice/research-and-projects/all-projects/laundered-cotton
https://www.shu.ac.uk/news/all-articles/latest-news/laundering-cotton-report

Wilson Center Digital Archive 「Iu. Andropov to the Central Committee of the CPSU, ‘On the Struggle with Local Nationalism in China’」 February 05, 1958, History and Public Policy program Digital Archive,RGANI,fond 5,opis49,delo 130,listy 36-43, Translated by David brophy.Wilson Center,digital archive International History Declassified
http://digitalarchive.wilsoncenter.org/document/175896

Long Shadows「How the Global Economy Supports Oppression in Xinjiang」August 10, 2021By: Irina Bukharin
https://c4ads.org/reports/long-shadows/

AfronomicsLAW「Racial capitalism with Chinese Characteristics: analyzing the political economy of racialized dispossession and exploitation in Xinjiang」
https://www.afronomicslaw.org/journal-file/racial-capitalism-chinese-characteristics-analyzing-political-economy-racialized

Uyghurs for sale: 'Re-education', forced labour and surveillance beyond Xinjiang
https://respect.international/uyghurs-for-sale-re-education-forced-labour-and-surveillance-beyond-xinjiang/

Uyghur Human Rights Project report
https://uhrp.org/report/the-complicity-of-heritage-cultural-heritage-and-genocide-in-the-uyghur-region/
https://uhrp.org/report/coerced-kinship-the-pomegranate-flower-plan-and-the-forced-assimilation-of-uyghur-children/
https://uhrp.org/news/customs-targets-thousands-of-suspected-forced-labor-shipments-under-new-bill/
https://uhrp.org/report/explainer-five-things-know-about-bingtuan/
https://docs.uhrp.org/pdf/bingtuan.pdf

Medium.com「Authorized to "Wash Clean the Brains" — Agencies at Play Amid Mass Detention of Millions in the Uyghur Region」
https://medium.com/@uyghurrightsmonitor/authorized-to-wash-clean-the-brains-agencies-at-play-amid-mass-detention-of-millions-in-the-2e64e68a88a7

Medium.com「Architects of the Uyghur Genocide — Chinese Government Agencies Behind the Systematic Repression」
https://medium.com/@uyghurrightsmonitor/architects-of-the-uyghur-genocide-chinese-government-agencies-behind-the-systematic-repression-38ccdf8c337e

Xinjiang Victimis Database
https://shahit.biz/eng/

◆著者◆
ムカイダイス（Muqeddes）

ウルムチ出身のウイグル人。千葉大学非常勤講師。

上海華東師範大学ロシア語学科卒業。神奈川大学歴史民俗資料学研究科博士課程修了。元放送大学面接授業講師、元東京外国語大学オープンアカデミーウイグル語講師。世界文学会会員。

著書に『在日ウイグル人が明かすウイグル・ジェノサイド』（ハート出版）、『ああ、ウイグルの大地』、『ウイグルの詩人 アフメット ジャン・オスマン選詩集』、『ウイグル新鋭詩人選詩集』三冊とも河合眞共訳（左右社）、『聖なる儀式 タヒル・ハムット・ イズギル詩集』河合眞共編訳、『ウイグルの民話　動物編』河合直美共編訳（二冊とも鉱脈社）などがある。

それ以外に『万葉集』（第4巻まで）、『百人一首』、関岡英之著『旧帝国陸軍知られざる地政学戦略―見果てぬ防共回廊』のウイグル語訳を手掛ける。

表紙写真：ラジオ・フリー・アジア（ＲＦＡ）

ウイグルを支配する新疆生産建設兵団

令和５年 11 月 10 日　第１刷発行

著　者　ムカイダイス
発行者　日高　裕明
発　行　株式会社ハート出版

〒171-0014 東京都豊島区池袋 3-9-23
TEL.03(3590)6077　FAX.03(3590)6078
ハート出版ホームページ　https://www.810.co.jp

定価はカバーに表示してあります。

ISBN978-4-8024-0160-9　C0030

印刷·製本　中央精版印刷株式会社

日本よ、歴とした独立国になれ！

アメリカの戦勝国史観から脱却する時は令和（いま）

山下 英次 著

ISBN 978-4-8024-0164-7　本体 1800 円

囚われの楽園

脱北医師が見たありのままの北朝鮮

李 泰炅　著　川﨑 孝雄 訳　荒木 和博　解説

ISBN 978-4-8024-0158-6　本体 1500 円

［新字体・現代仮名遣い版］巣鴨日記

獄中から見た東京裁判の舞台裏

重光 葵　著　山岡 鉄秀　解説

ISBN 978-4-8024-0157-9　本体 2500 円

中国共産党

毛沢東から習近平まで 異形の党の正体に迫る

小滝 透　著

ISBN 978-4-8024-0153-1　本体 1800 円

反日国家の野望・光州事件

民主化運動か？北朝鮮が仕組んだ暴動なのか？

池 萬元　著　松木 國俊　監訳

I978-4-8024-0145-6　本体 2000 円

ステルス侵略

中国の罠に嵌まった日本

佐々木 類　著

ISBN 978-4-8024-0149-4　本体 1600 円